MATEMÁTICAS DIVERTIDAS

Edición sénior Michelle Crane, Sam Kennedy
Diseño sénior Stefan Podhorodecki
Edición Rachel Thompson
Diseño Mik Gates, Jim Green
Ilustración Simon Tegg

Edición ejecutiva Fran Baines
Edición ejecutiva de arte Phil Letsu
Edición de producción Kavita Varma
Control de producción sénior Samantha Cross
Diseño de cubierta Tanya Mehrotra
Dirección de desarrollo de diseño Sophia MTT
Edición ejecutiva de cubiertas Saloni Singh
Coordinación editorial de cubiertas Priyanka Sharma
Diseño de maquetación de cubierta Rakesh Kumar
Documentación gráfica Myriam Megharbi

Dirección editorial Andrew Macintyre
Subdirección editorial Liz Wheeler
Dirección de arte Karen Self
Dirección de ediciones Jonathan Metcalf

Asesoramiento Branka Surla
Fotografía Stefan Podhorodecki, Michael Wicks

Edición en español
Coordinación editorial Cristina Gómez de las Cortinas
Asistencia editorial y producción Malwina Zagawa

Servicios editoriales Tinta Simpàtica
Traducción Ana Riera Aragay

Publicado originalmente en Gran Bretaña
en 2021 por Dorling Kindersley Limited
DK, One Embassy Gardens, 8 Viaduct Gardens,
London, SW11 7BW
Parte de Penguin Random House

Copyright © 2021 Dorling Kindersley Limited
© Traducción española: 2021 Dorling Kindersley Ltd

Título original: *Maths Lab*
Primera edición: 2021

ISBN: 978-0-7440-4923-7

Impreso y encuadernado en China

Para mentes curiosas

www.dkespañol.com

MATEMÁTICAS DIVERTIDAS

JUEGOS, PROYECTOS Y MANUALIDADES PARA APRENDER EN CASA

CONTENIDOS

DATOS MATEMÁTICOS
Este símbolo destaca la información que te explica las matemáticas que se utilizan en cada proyecto.

ATENCIÓN
Este símbolo identifica una tarea que podría ser peligrosa. Pide a un adulto que te ayude.

SOBRE LA COLA
En varios proyectos de este libro hace falta emplear cola. Verás que te sugerimos que utilices cola blanca o cola de barra, pero en algún caso puede ser más fácil emplear una pistola de cola, si tienes una, ya que esta cola se seca más deprisa. Una pistola de cola solo puede utilizarla un adulto, y es importante seguir siempre las indicaciones de uso del fabricante.

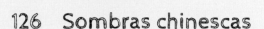

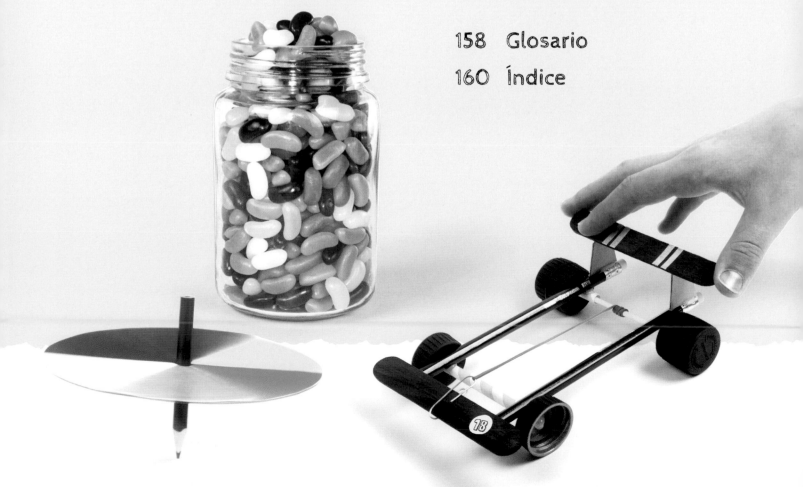

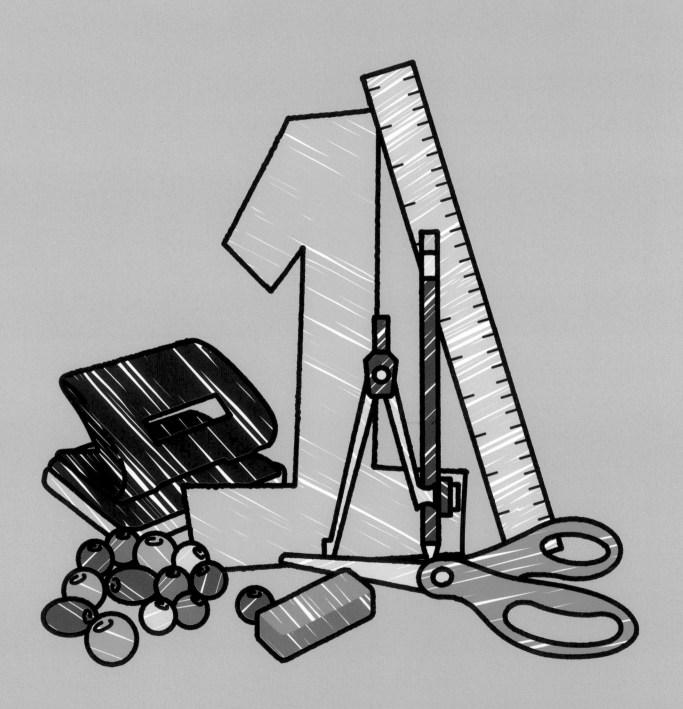

NÚMEROS

Las matemáticas no tienen sentido sin los números. Tenemos solo 10 símbolos numéricos, pero con ellos podemos escribir o calcular todos los números que seas capaz de imaginar. En este capítulo encontrarás distintos proyectos para dominar los números, desde hacer tus propios imanes para la nevera hasta utilizar las fracciones para dividir una pizza de forma equitativa. También vas a aprender a fabricar un ábaco que te ayudará con los cálculos complejos, y un atrapasueños que pondrá a prueba tu conocimiento de las tablas de multiplicar.

NÚMEROS PARA LA NEVERA

Con una lámina imantada autoadhesiva y unas cartulinas de colores puedes fabricar tus propios números para pegar en la nevera. Utilízalos para proponer problemas de matemáticas a tus familiares y descubre quién es el primero en encontrar las respuestas a tus diabólicas preguntas.

CÓMO HACER
NÚMEROS PARA LA NEVERA

Estos imanes son fáciles y rápidos de hacer, sobre todo si dispones de unas láminas imantadas autoadhesivas. Puedes emplear cartulinas de distintos colores para que los números destaquen más en la nevera.

MATEMÁTICAS QUE VAS A USAR

• MEDICIÓN, para asegurarte de que tus números tienen el tamaño correcto.

• ECUACIONES, para plantear retos de sumas, restas, multiplicaciones y divisiones a tu familia.

• ÁLGEBRA, para llevar las matemáticas de tu nevera al siguiente nivel.

Tiempo
60 minutos

Dificultad
Fácil

El cero es muy especial, pues es capaz de cambiar el valor posicional de un número.

1 En una cartulina o una hoja de papel dibuja un cero que mida 4,5 cm de alto y 3,5 cm de ancho. Cuando lo recortes no debe quedar endeble.

QUÉ NECESITAS

Regla

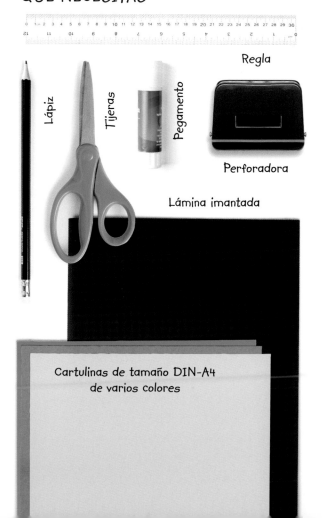

Lápiz

Tijeras

Pegamento

Perforadora

Lámina imantada

Cartulinas de tamaño DIN-A4 de varios colores

2 Recorta el número con cuidado por el borde exterior con la ayuda de unas tijeras.

3 Pega el número en un trozo de lámina imantada por la parte adhesiva, o con cola si no tiene adhesivo. Pégalo en el lado que no está imantado.

4 Con las tijeras, recorta con cuidado la forma del número en la lámina imantada. Si te parece difícil, pide ayuda a un adulto.

Vas a necesitar varios números de cada.

5 Para recortar la parte interior del cero, utiliza la perforadora. Primero haz un agujero con ella y luego mete las tijeras por el agujero para seguir recortando.

6 Repite los pasos 1-5 para los números del 1 al 9. Usa cartulinas de colores. Puedes pegar varios números a una lámina y recortarlos todos juntos.

7 Repite los pasos 1-5, pero ahora dibuja los signos matemáticos de la suma, la resta y la multiplicación.

Los signos hacen que sea más fácil y rápido anotar las operaciones.

8 Dibuja el signo de la división y el de igualdad. Tienes que dejar una línea delgada que una las distintas partes del signo, para que el imán quede de una sola pieza. Repite los pasos 2-5.

$$5 + 38 - 26 + 17 \boxdot$$

$$45 + 70 \boxdot$$

$$6 + 23 \boxdot$$

$$81 \div 9 \boxdot$$

9 Pon los imanes en la nevera. Úsalos para plantear y resolver problemas matemáticos. ¿Puedes calcular estas ingeniosas operaciones?

AVENTURAS ALGEBRAICAS

Si haces imanes con las letras X e Y podrás inventar acertijos de álgebra. En álgebra, las letras representan números desconocidos. Para resolver un problema de álgebra, recuerda que los valores que hay a ambos lados del signo de igualdad deben dar lo mismo. Así pues, si la letra está en uno de los lados del signo de igualdad, puedes saber su valor haciendo el cálculo del otro lado. ¿Puedes calcular el valor de la X y la Y en los siguientes problemas?

$$6 \div 3 = x$$

$$6 \div 3 = 2$$

$$2 + y = 8$$

$$y = 8 - 2$$

$$y = 6$$

1 Este acertijo es como un problema matemático corriente, solo que hay una X a la derecha del signo de igualdad. Eso significa que X es igual a 6 dividido por 3, es decir, que X = 2.

2 Para averiguar el valor de Y en esta operación, debes restar 2 a ambos lados del signo de igualdad. 8 - 2 es 6, así que Y tiene que ser igual a 6.

CONSTRUYE UN ÁBACO

Mucho antes de haber calculadoras ya existía el ábaco, uno de los primeros instrumentos de cálculo que se inventaron. Hoy se sigue usando para resolver rápidamente todo tipo de problemas numéricos. En cuanto hayas montado tu propio ábaco, podrás sorprender a tus amigos y familiares con tus habilidades matemáticas.

MATEMÁTICAS QUE VAS A USAR

- LÍNEAS PARALELAS, para diseñar el ábaco.
- VALOR POSICIONAL, para comprender el valor de cada fila del ábaco.
- SUMA Y RESTA, para utilizar el ábaco en cálculos complejos.

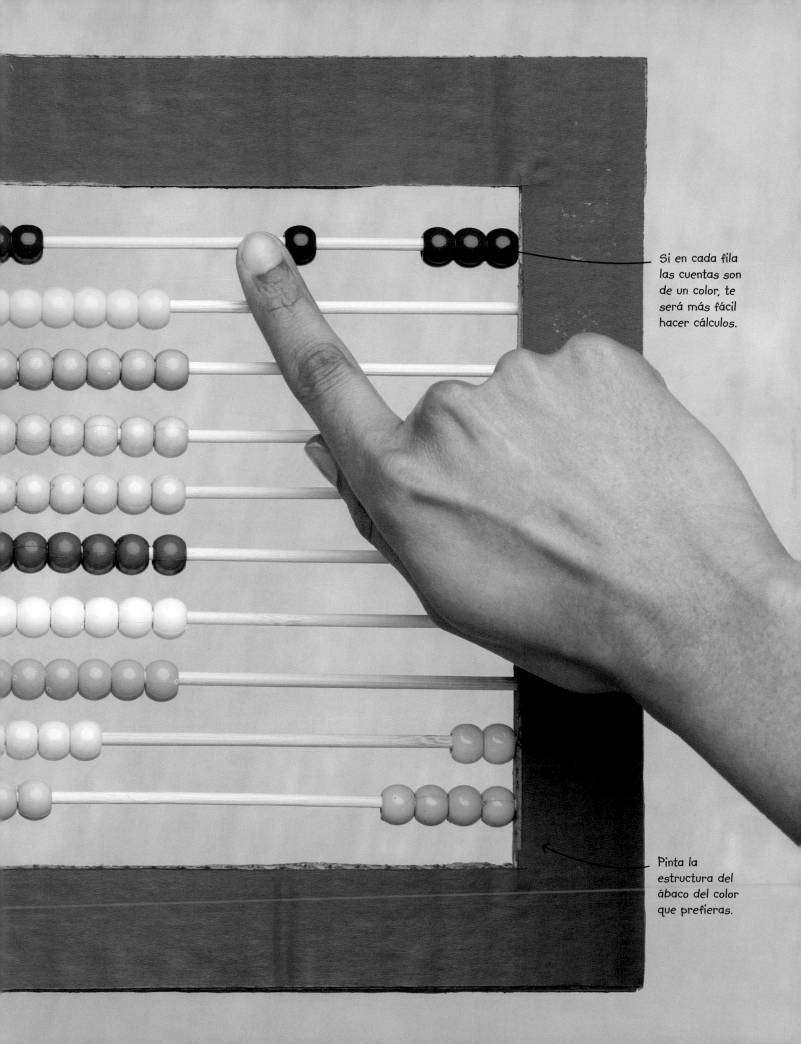

Si en cada fila las cuentas son de un color, te será más fácil hacer cálculos.

Pinta la estructura del ábaco del color que prefieras.

CÓMO HACER TU
ÁBACO

Para hacer tu ábaco solo necesitas algunos palitos de madera, cuentas de colores, unas piezas de cartón y un poco de pintura. Pon mucha atención al hacer las mediciones para que los palitos queden rectos y las cuentas se muevan con facilidad.

Tiempo 45 minutos, y el tiempo de secado

Dificultad Media

QUÉ NECESITAS

Cartón fino

10 palitos o brochetas de bambú

100 cuentas de 10 colores (10 de cada)

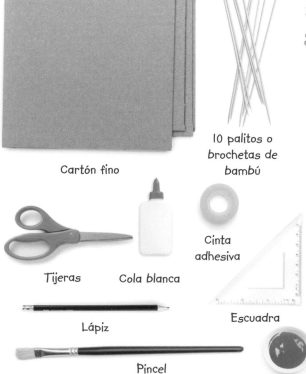

Tijeras

Cola blanca

Cinta adhesiva

Lápiz

Escuadra

Pincel

Pintura acrílica

Regla

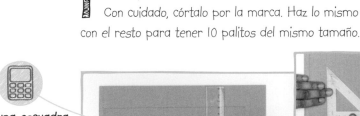

1 En un palito, haz una marca a 20 cm de la punta. Con cuidado, córtalo por la marca. Haz lo mismo con el resto para tener 10 palitos del mismo tamaño.

Usa una escuadra para comprobar que cada esquina forma un ángulo recto, de 90°.

2 Prepara el armazón. Dibuja un cuadrado de 22,5 cm de lado en el cartón. A continuación, dibuja otro cuadrado dentro del anterior dejando 3 cm por cada lado. Repite el proceso para tener dos cuadrados iguales.

Para recortar la parte central, haz un agujero con un lápiz y podrás meter las tijeras.

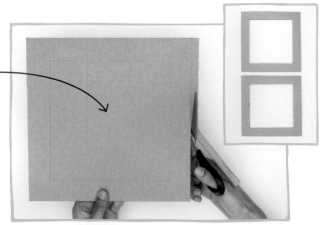

3 Recorta los dos cuadrados grandes por fuera; y luego recorta con cuidado la parte interior. Ya tienes los dos marcos de tu ábaco.

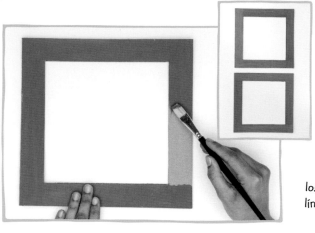

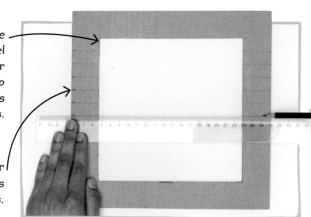

Mide desde arriba del marco interior hasta abajo en los dos lados.

Para colocar los palitos usa las líneas como guías.

4 Mezcla con agua la pintura acrílica. Usa muy poca agua, para que el cartón no se empape. Pinta los marcos por un lado y déjalos secar.

5 Cuando estén secos, dales la vuelta. En un lado, haz una marca cada 1,5 cm. Haz lo mismo en el otro lado. Une las marcas de ambos lados con una línea.

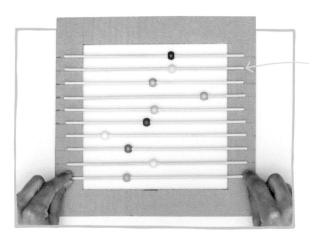

Los palitos deben quedar paralelos entre sí, es decir, no deben tocarse ni cruzarse.

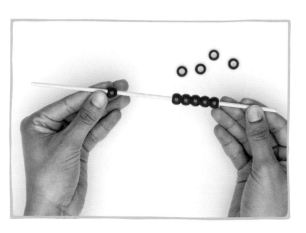

6 Ensarta una cuenta en cada palito y colócalos sobre cada una de las líneas que has dibujado. Comprueba que los palitos estén bien colocados.

7 Toma el palito superior e inserta en él otras nueve cuentas. Mientras las insertas, cuenta hasta 10 y luego deja el palito a un lado.

10 cuentas en cada uno de los 10 palitos hacen un total de 100 cuentas.

8 Repite la operación hasta que cada uno de los 10 palitos tenga 10 cuentas del mismo color. Haz un recuento final para asegurarte de que en cada uno hay 10 cuentas.

Ordena los colores de las cuentas como más te guste.

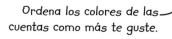

POSICIÓN Y DECIMALES

Cada dígito de un número tiene un valor según el lugar que ocupa. Por ejemplo, el 6 de 42.367,15 representa 6 decenas o 60. Los números a la izquierda de la coma son números enteros y los de la derecha son decimales o fracciones.

Decenas de millar

Centenas

Unidades

Centésimas

42.367,15

Millares

Decenas

Coma

Décimas

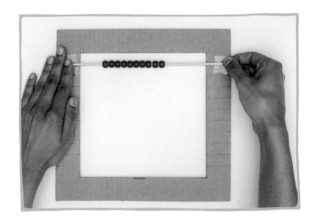

9 Coloca el primer palito sobre la línea superior de la estructura y fíjalo al cartón pegando los dos extremos con cinta adhesiva.

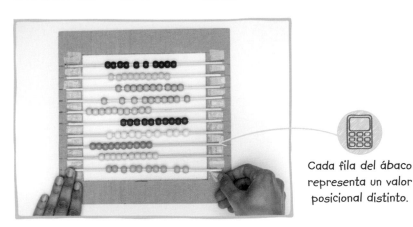

Cada fila del ábaco representa un valor posicional distinto.

10 Repite la operación con el resto de los palitos, hasta que tengas 10 filas de cuentas. Pégalos con cinta adhesiva, para que no se muevan.

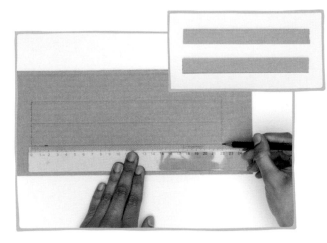

11 Prepara dos tiras iguales de cartón dibujando dos rectángulos de 2,5 x 22 cm. Recórtalos a continuación.

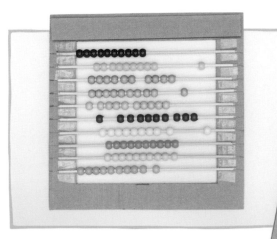

12 Extiende cola en las tiras de cartón y fíjalas en la parte inferior y superior del marco que tiene las cuentas. Pon las tiras para que encajen dentro del borde del marco.

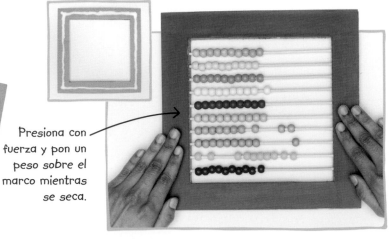

Presiona con fuerza y pon un peso sobre el marco mientras se seca.

13 Extiende la cola por la parte posterior del segundo marco y pégalo a la parte de atrás del marco que tiene las cuentas. Presiona un poco con suavidad y déjalo secar. ¡Tu ábaco está listo!

CALCULA CON EL ÁBACO

En el ábaco, cada fila tiene un valor posicional distinto: cuanto más arriba está la fila, mayor es su valor. Una vez conozcas los valores posicionales, podrás usar el ábaco para sumar números grandes o complicados a gran velocidad.

Para leer un número en el ábaco, empieza por la línea de arriba y ve bajando.

1 En este cálculo, la fila de abajo representa las décimas, la segunda las unidades, la tercera las decenas, y así sucesivamente. Ese ábaco muestra en este momento el número 317,5.

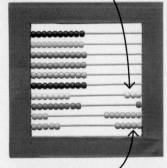

Estas cuentas representan décimas.

Cada una de estas cuentas representa una centena, y dan un total de trescientos.

2 Ahora suma 9 a 317,5. Para ello debes desplazar nueve cuentas de la segunda fila hacia la derecha. Tras mover tres cuentas, la línea estará llena, así que cambia las 10 cuentas de la segunda fila por una de la tercera fila. Luego vuelve a la segunda fila y sigue desplazando las cuentas que te faltaban por mover hasta llegar a nueve.

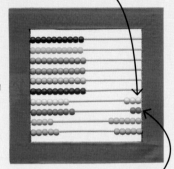

Esta cuenta equivale a diez cuentas de la fila que está justo debajo.

Esta cuenta equivale a 10 centenas de la fila que tiene debajo, o a un millar.

3 Puedes usar el ábaco para sumar cifras grandes. Para sumar 1432,6 a lo que tienes, empieza por arriba y luego ve bajando. Desplaza una cuenta de la quinta fila para representar los millares, luego cuatro cuentas de la siguiente fila, etcétera.

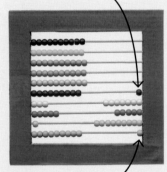

Recuerda intercambiar las décimas de la fila inferior por unidades de la fila que tiene encima.

4 Si quieres usar el ábaco para restar, empieza desde abajo y ve subiendo. Para restar 541 a lo que tienes, desplaza primero una cuenta de la segunda fila de nuevo hacia la izquierda. Luego desplaza cuatro cuentas de la tercera fila a la izquierda y finalmente cinco cuentas de la cuarta. ¿Cuánto te da?

Al restar, empieza siempre por las filas inferiores.

MATEMÁTICAS DEL MUNDO REAL
HISTORIA DEL ÁBACO

El ábaco se usa desde la Antigüedad. El sistema de recuento más antiguo descubierto hasta la fecha se halló en una isla griega y tiene más de 2300 años. El tipo de ábaco que acabas de construir, un ábaco de 100 cuentas, es el que solía usarse en Europa. A lo largo de los siglos, ha habido muchos tipos distintos de ábacos, cada uno con su propio sistema de recuento, como el suanpan, un ábaco chino, o como la versión de esta imagen, que procede de Alemania y tiene menos filas pero más cuentas en cada fila.

COMECOCOS DE LAS TABLAS DE MULTIPLICAR

Estos comecocos de papel són fáciles y rápidos de hacer, y sirven para ponerte a prueba a ti, a tus amigos y a tu familia de manera divertida. Con este podrás practicar las tablas de multiplicar, pero puedes hacer comecocos para practicar casi cualquier cosa.

MATEMÁTICAS QUE VAS A USAR
• TABLAS DE MULTIPLICAR, para resolver las operaciones del comecocos.
• ROTACIÓN, al girar y doblar el comecocos.
• FORMAS 2D, para hacer el comecocos.

CÓMO HACER UN
COMECOCOS

Lo primero que tienes que hacer para llevar a cabo este proyecto es transformar un folio en un cuadrado. Sigue las instrucciones para hacer tu comecocos y luego decide las operaciones y los colores que quieres utilizar. ¡Dóblalo de nuevo y ya puedes retar a tus amigos!

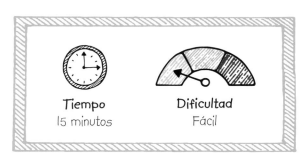

Tiempo
15 minutos

Dificultad
Fácil

QUÉ NECESITAS

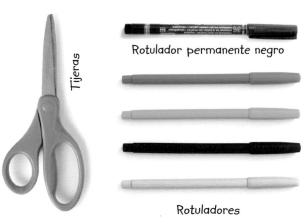

Tijeras

Rotulador permanente negro

Rotuladores

Folio DIN-A4

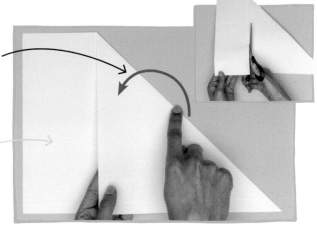

Dobla por las flechas moradas.

Esta extraña figura de cuatro lados se llama trapezoide.

1 Dobla la esquina superior derecha del folio DIN-A4 hasta el borde de la hoja. Alisa bien el doblez y recorta el rectángulo sobrante.

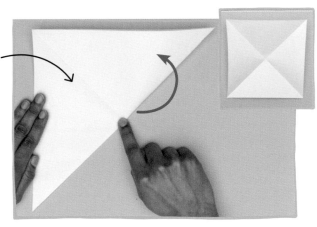

Dobla con cuidado el cuadrado; si no, el comecocos no funcionará bien.

2 Abre el papel. Tienes un cuadrado con una línea diagonal que lo atraviesa. Junta un extremo de la diagonal con el otro y alisa el doblez. Vuelve a abrirlo. Ahora hay dos líneas que forman cuatro triángulos.

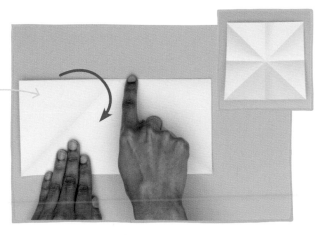

Un cuarto de vuelta es lo mismo que un giro de 90°, ya que 90 es una cuarta parte de 360, y 360° forman un círculo completo.

3 Dobla el cuadrado por la mitad, gíralo un cuarto de vuelta y vuelve a doblarlo por la mitad. Ábrelo. Cuatro líneas cruzan la hoja.

Los triangulitos se llaman triángulos rectángulos, porque sus dos lados más cortos forman un ángulo de 90°.

4 Después, dobla cada esquina hasta el centro de la hoja de manera que se forme un rombo.

5 Dale la vuelta al papel y repite el paso anterior, es decir, dobla cada esquina hasta el centro para que se forme un cuadrado más pequeño.

Aprovecha este paso para memorizar las tablas de multiplicar.

6 Decide el tema de tu comecocos. Este es para practicar la tabla de multiplicar del tres. Escribe una multiplicación en cada triangulito. En total tiene que haber ocho multiplicaciones.

7 Abre los triángulos y anota la solución de cada multiplicación en el dorso del triángulo. Luego vuelve a doblarlos.

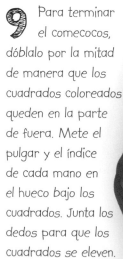

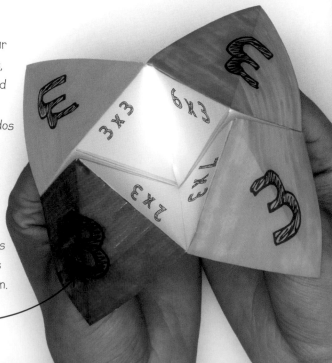

8 Dale la vuelta al comecocos y anota el número de la tabla de multiplicar que usas en cada uno de los cuadrados. Colorea cada cuadrado de un color con los rotuladores.

9 Para terminar el comecocos, dóblalo por la mitad de manera que los cuadrados coloreados queden en la parte de fuera. Mete el pulgar y el índice de cada mano en el hueco bajo los cuadrados. Junta los dedos para que los cuadrados se eleven.

¡Listo para jugar!

DUELO DE MULTIPLICACIONES

Utiliza tu comecocos para preguntarle a un amigo —o a ti mismo— las tablas de multiplicar. Sigue las instrucciones siguientes para ver cómo se juega. Podéis preguntaros por turnos. ¡Sin hacer trampas!

1 Dile a un amigo que escoja un color y luego deletréalo en voz alta. Con cada letra abre el comecocos en una dirección. Cuando acabes de deletrearlo, tendrás cuatro operaciones para escoger.

2 ¡Dile a tu amigo que escoja una de las operaciones y la resuelva! Levanta el triángulo para ver si ha acertado. Sigue jugando hasta que las haya resuelto todas.

¡Levanta la solapa para ver si la respuesta es correcta!

Abre primero en una dirección y luego en la otra para que aparezcan los dos grupos de operaciones.

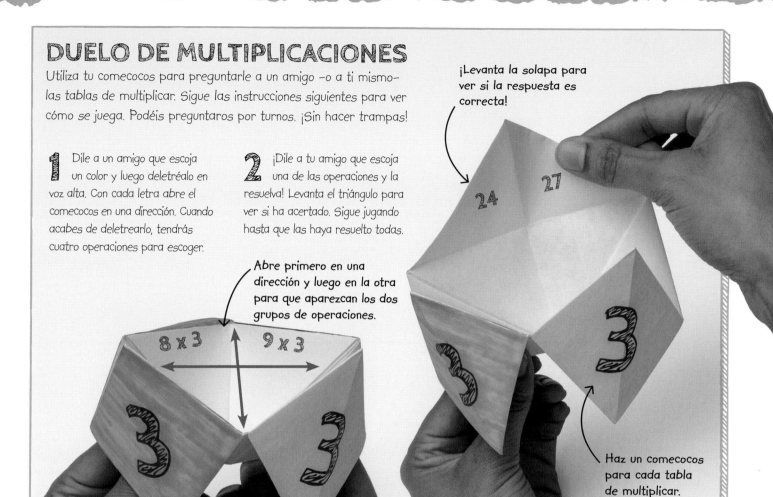

Haz un comecocos para cada tabla de multiplicar.

MÁS COMECOCOS DIVERTIDOS

Puedes hacer comecocos para practicar todo tipo de habilidades matemáticas. Aquí tienes uno con preguntas sobre figuras geométricas, pero también puedes hacerlo con sumas, restas, divisiones, ¡o con casi cualquier otra cosa!

Deletrea el nombre de una figura y muestra las preguntas.

Anota cada respuesta debajo de su solapa.

BINGO MATEMÁTICO

Este juego es una manera fantástica de practicar los cálculos mentales. ¡Cuanto más rápido los resuelvas, antes completarás el cartón y más posibilidades tendrás de ganar! Pueden jugar tantos jugadores como se quiera, siempre que haya cartones para todos.

Cada jugador tiene un cartón distinto.

Mete las operaciones en una caja de zapatos. ¡Será tu máquina de bingo!

3 × 6

Comprueba el resultado antes de colocar la ficha en el cartón.

CÓMO SE JUEGA AL
BINGO

Para que el juego sea emocionante, cada jugador debe tener su propio cartón con los números distribuidos al azar. Así, aunque la pregunta sea la misma para todos, cada uno tendrá que poner sus fichas en cuadrados diferentes, y obtendrá su propia puntuación.

Tiempo
60 minutos

Dificultad
Fácil

QUÉ NECESITAS

Fichas de plástico de colores (unas 25 por jugador)

Regla

Lápiz

Tijeras

Lápices de colores

Caja de zapatos o similar

Cartulina u hoja de papel DIN-A5, blanca o de colores

MATEMÁTICAS QUE VAS A USAR
- MEDICIÓN, para preparar los cartones de bingo que vas a usar.
- SUMA, RESTA, MULTIPLICACIÓN Y DIVISIÓN, para ser el primero en completar el cartón.

Mide el ancho de la cartulina y divídelo por cinco, para que todas las columnas sean iguales.

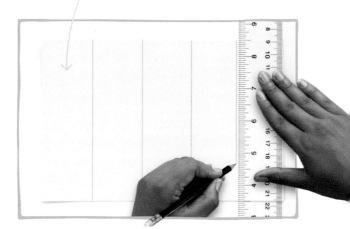

1 En una cartulina de tamaño DIN-A5, dibuja una cuadrícula de 5 x 5. Traza cuatro líneas verticales de arriba abajo. Deja el mismo espacio entre línea y línea.

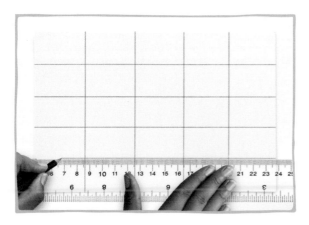

2 Divide la altura del cartón en cinco y traza cuatro líneas horizontales dejando la misma separación entre ellas. El resultado debe ser una cuadrícula con cinco columnas y cinco filas.

1	2	3	4	5
6	7	8	9	10
11	12	13	14	15
16	17	18	19	20
21	22	23	24	25

Puedes colorear cada cuadrado de la cuadrícula de un color distinto.

3 Numera la cuadrícula del 1 al 25, empezando por la esquina superior izquierda y terminando por la esquina inferior derecha. Repite los pasos 1-3 para preparar más cartones de bingo, pero en estos coloca los números desordenados.

4 En otra cartulina, haz una cuadrícula de 4 x 3. Traza tres líneas verticales dejando la misma separación entre ellas y dos horizontales dejando también la misma separación entre ellas.

55÷5	8×3	2×10	4^2
⅓ de 30	28−15	3÷1	17+5
20% de 60	⅓×12	24−17	2×12

Este 2 pequeño se llama potencia. Indica las veces que tienes que multiplicar el número que tiene debajo por sí mismo. En este caso hay que multiplicar 4 x 4.

5 Escribe una operación en cada casilla. Luego repite los pasos 4-5 para preparar más cálculos, hasta que tengas 25 y algunos más para otro juego. Cada una de las 25 operaciones debe tener una respuesta distinta, y todas deben dar entre 1 y 25.

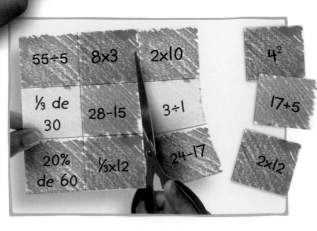

6 Con unas tijeras, recorta las operaciones, dóblalas y mételas en una caja de zapatos u otro recipiente parecido.

Quien canta los cálculos debe dejar a un lado las tarjetas tras leerlas para no repetirlas.

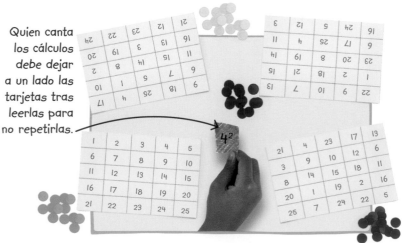

7 Reparte fichas y un cartón a todos los jugadores menos uno, que será el que «cante», es decir, el que tome los cálculos de la caja y los lea en voz alta.

¡Si ganas, tendrás que demostrar que todas tus respuestas son correctas!

8 Si sabes el resultado de la operación que se ha cantado, coloca una ficha sobre la respuesta correcta de tu cartón.

9 Puedes usar los ejemplos de la derecha para decidir cómo puntuar las respuestas. Gana el primero que llegue a 15 puntos.

PUNTUACIÓN

En esta versión del bingo se puede puntuar de dos formas distintas: acertando todas las respuestas de una columna o una fila, o completando una cruz entre las esquinas. Una línea horizontal o vertical vale 5 puntos, mientras que la cruz vale 10 puntos. ¡Gana el primero que consiga 15 puntos o más!

Columna: 5 puntos

Fila: 5 puntos

Cruz: 10 puntos

MATEMÁTICAS DEL MUNDO REAL MÁQUINAS DE BINGO

En una sala de bingo, es importante garantizar que los números que se cantan son totalmente aleatorios. Para ello se usan máquinas como esta, que permiten ver las bolas y las hacen girar con una manivela. Las bolas se mezclan y una de ellas al azar sale por el tubo o pasarela de debajo.

COLLAGE DE LA ESPIRAL DE FIBONACCI

Sigue los pasos de Leonardo da Vinci y crea tu propia *obra* maestra utilizando la serie de Fibonacci. Combinando cuadrados cada vez más grandes, puedes dibujar una espiral perfecta y hacer un *collage* que quedará genial en la pared de tu cuarto.

MATEMÁTICAS QUE VAS A USAR

- SECUENCIAS Y SERIES, para preparar cuadrados del tamaño adecuado.
- PROPORCIONES, para trazar un rectángulo perfecto.
- ÁNGULOS RECTOS, para que los cuadrados encajen bien entre sí.

Estas llamativas cuentas hacen que la espiral destaque en el *collage*.

CÓMO HACER UN *COLLAGE* CON
LA ESPIRAL DE FIBONACCI

La clave para este proyecto está en preparar la plantilla usando una secuencia numérica que se llama serie de Fibonacci, con la que sabrás el tamaño que debe tener cada cuadrado. Fibonacci fue un matemático italiano que vivió hace 800 años y descubrió una secuencia numérica presente en la naturaleza.

Tiempo
120 minutos

Dificultad
Media

QUÉ NECESITAS

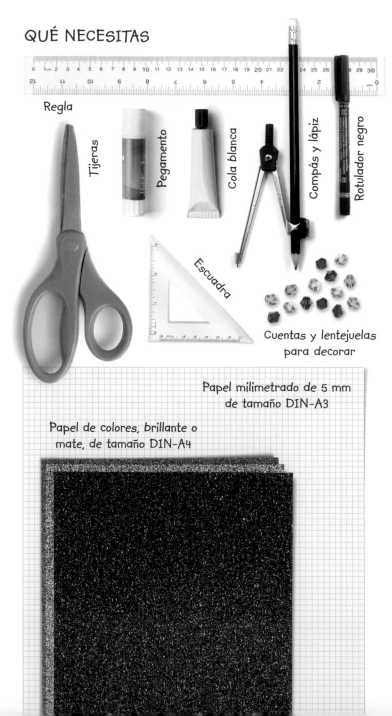

Regla

Tijeras

Pegamento

Cola blanca

Compás y lápiz

Rotulador negro

Escuadra

Cuentas y lentejuelas para decorar

Papel milimetrado de 5 mm de tamaño DIN-A3

Papel de colores, brillante o mate, de tamaño DIN-A4

SERIE DE FIBONACCI

La serie de Fibonacci es una secuencia en la que cada número es la suma de los dos números anteriores.

$$1 + 1 = \boxed{2}$$
$$1 + 2 = \boxed{3}$$
$$2 + 3 = \boxed{5}$$
$$3 + 5 = \boxed{8}$$
$$5 + 8 = \boxed{13}$$
$$8 + 13 = \boxed{21}$$
$$13 + 21 = \boxed{34}$$

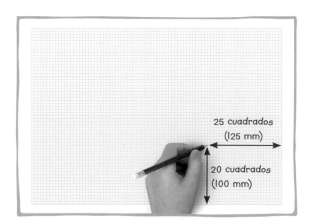

25 cuadrados
(125 mm)

20 cuadrados
(100 mm)

1 Toma una hoja de papel milimetrado de 5 mm de tamaño DIN-A3. Cuenta 25 cuadrados desde el margen derecho y 20 cuadrados desde el margen inferior y marca el punto de intersección con un lápiz.

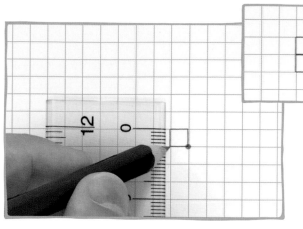

Usa la serie de Fibonacci para calcular el número de cuadrados que debe tener el siguiente cuadrado.

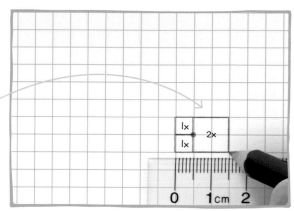

2 Traza un cuadrado a la izquierda del punto. Es un cuadrado de 1 x 1 porque mide uno por lado. Traza otro cuadrado debajo del primero, de manera que el punto quede entre ambos.

3 El siguiente cuadrado tiene que ser de 2 x 2 cuadrados. Dibuja este cuadrado a la derecha de los dos cuadrados que acabas de dibujar.

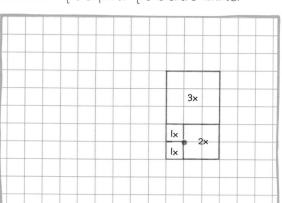

Cada vez que añades un cuadrado, el rectángulo se hace más grande.

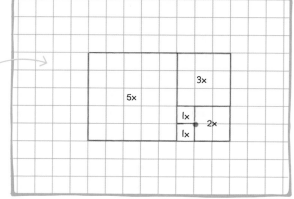

4 El siguiente número de la secuencia es 3, así que dibuja un cuadrado de 3 x 3 justo encima de los cuadrados que ya has dibujado.

5 El cinco es el siguiente número en la serie de Fibonacci, así que dibuja un cuadrado de 5 x 5 a la izquierda del grupo de cuadrados más pequeños.

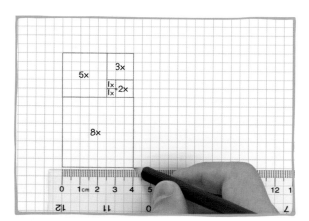

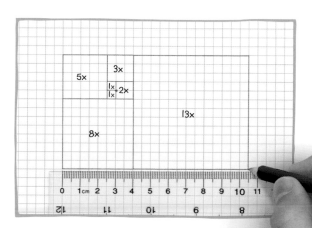

6 Luego viene el 8, así que dibuja un cuadrado de 8 x 8 justo debajo del rectángulo.

7 El siguiente es el trece: dibuja un cuadrado de 13 x 13 a la derecha del rectángulo.

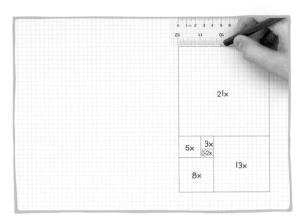

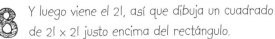

8 Y luego viene el 21, así que dibuja un cuadrado de 21 x 21 justo encima del rectángulo.

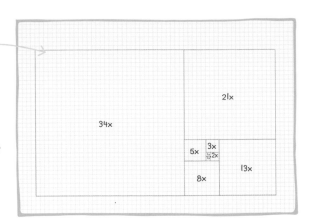

Los rectángulos de Fibonacci son especiales porque la proporción entre longitud y anchura siempre es 1,6. Es lo que se llama proporción áurea.

9 El siguiente es el 34. Dibuja un cuadrado de 34 x 34 a la izquierda del rectángulo. ¡Tu plantilla de Fibonacci ya está lista!

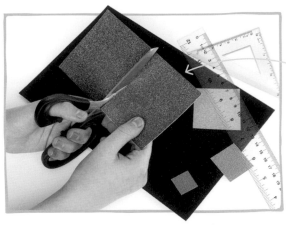

Puedes multiplicar los números de Fibonacci por 5 mm para calcular el tamaño de cada cuadrado que tienes que recortar.

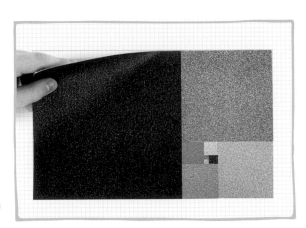

10 Toma papeles de distintos colores y haz cuadrados del mismo tamaño que los que has dibujado. Usa una escuadra y una regla para que las esquinas sean ángulos rectos. Recórtalos.

11 Pega los cuadrados en su lugar en la plantilla. Empieza por los pequeños y ve pegándolos de menor a mayor hasta que toda la plantilla esté cubierta. Recorta el papel milimetrado sobrante.

ESPIRAL DE FIBONACCI

Puedes usar la serie de Fibonacci para dibujar una espiral. Basta con unir las esquinas opuestas de cada cuadrado con una línea curva.

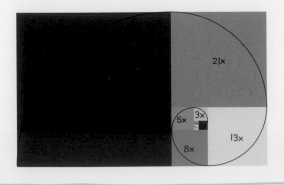

Pon la punta del compás en el primer punto que hiciste en el paso 1.

12 Abre 5 mm el compás y sitúalo en la esquina superior derecha del primer cuadrado. Haz un arco que atraviese los dos cuadrados pequeños.

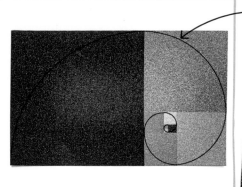

Para dibujar la curva puedes usar un lápiz o un rotulador negro.

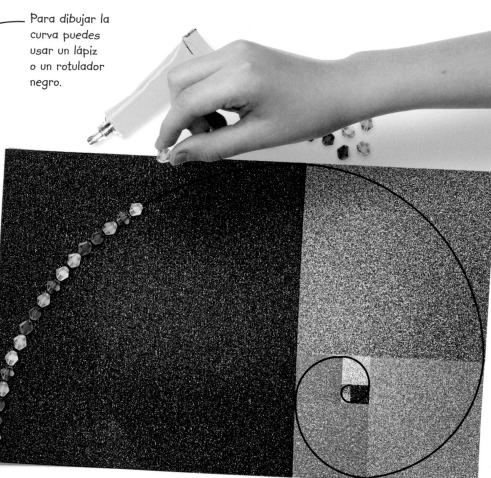

13 Repite el paso 12, ajustando cada vez el compás a la longitud del siguiente cuadrado y colocando la punta del compás en la esquina opuesta de donde vas a dibujar el arco. Con ayuda del compás, continúa la espiral.

14 Decora el collage. Pega cuentas o lentejuelas siguiendo la línea de la espiral. ¿Puedes crear una serie o secuencia con las cuentas?

MATEMÁTICAS DEL MUNDO REAL

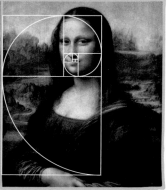

FIBONACCI EN LA NATURALEZA

La espiral de Fibonacci no se da solo en matemáticas, sino que se encuentra también en la naturaleza. Las escamas de las piñas se distribuyen siguiendo esta forma, y el número de pétalos de las flores suelen coincidir con números de Fibonacci. Por ejemplo, este tipo de margaritas suelen tener 34, 55 u 89 pétalos, todos ellos números de Fibonacci.

LA PROPORCIÓN ÁUREA EN EL ARTE

La serie de Fibonacci, además de estar presente en la naturaleza, aparece también en el mundo del arte. Como se muestra más arriba, se cree que el famoso artista Leonardo da Vinci usaba rectángulos áureos para que las proporciones de algunos de sus cuadros más importantes, entre ellos la *Mona Lisa*, quedaran más armoniosos.

Cuélgalo cerca de tu cama con un trozo de lana.

Usa lana de colores vivos, para que destaque.

Las cuentas le dan brillo y colorido.

MÓVIL MULTIPLICADOR
ATRAPASUEÑOS

Se cree que los atrapasueños, originarios de la cultura nativa norteamericana, atrapan los sueños agradables y repelen los malos sueños mientras dormimos. Aquí aprenderás a dividir un círculo en partes iguales y usarás tus conocimientos de las tablas de multiplicar para crear distintos diseños. Cuelga tu creación sobre la cama y duerme tranquilo toda la noche. ¡Dulces sueños!

Los sueños agradables descienden por las plumas hasta la persona que duerme bajo el atrapasueños.

MATEMÁTICAS QUE VAS A USAR
• TABLAS DE MULTIPLICAR, para hacer distintos diseños.
• ÁNGULOS, para dividir el círculo en partes.
• RADIO Y DIÁMETRO, para dibujar un círculo dentro de otro.

CÓMO HACER UN
ATRAPASUEÑOS

Con el atrapasueños practicarás las tablas de multiplicar de forma amena. Todo lo que necesitas es un poco de cartulina, lana y unas cuantas plumas y cuentas de colores para decorarlo. Para este atrapasueños hemos utilizado la tabla del tres, pero puedes hacer otros diseños usando las distintas tablas.

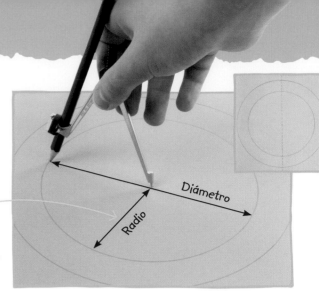

El radio de una circunferencia mide la mitad que su diámetro.

1 En una cartulina, traza un círculo de 10 cm de radio. Con el mismo centro traza un círculo más pequeño dentro del primero de 7,5 cm de radio. Haz luego una línea que los cruce por el centro.

Tiempo
90 minutos

Dificultad
Media

QUÉ NECESITAS

Regla

Transportador

Compás y lápiz

Tijeras

Lana roja

Masilla adhesiva

Pegamento

Cartulina DIN-A4 de color gris

Cinta adhesiva

Plumas de colores

Cuentas y pegatinas o purpurina para decorar

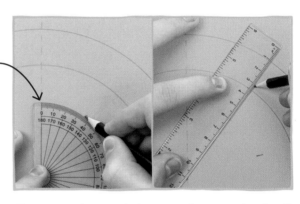

Pon la línea de 0° en la línea central.

2 Con un transportador marca 10 segmentos de 36°. Traza una línea que conecte cada marca con el centro y el círculo más pequeño. Deben quedar como los radios de una rueda.

CÍRCULO COMPLETO

Los ángulos se miden en grados (°). Un círculo completo mide 360°; medio círculo, 180°, y un cuarto de círculo, 90°.

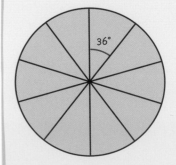

36°

Si se divide un círculo en 10 partes iguales, cada segmento mide 36°.

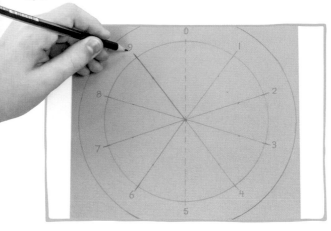

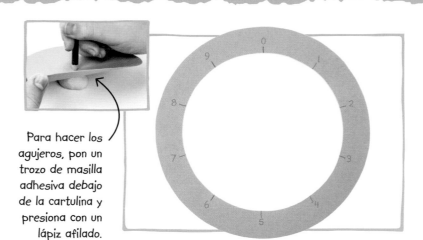

Para hacer los agujeros, pon un trozo de masilla adhesiva debajo de la cartulina y presiona con un lápiz afilado.

3 Numera los radios que has dibujado del 0 al 9. Pon el 0 arriba de todo y sigue numerándolos en la dirección de las agujas del reloj.

4 Con las tijeras, recorta el círculo exterior y luego el interior. Repite los pasos 1 y 4 solamente para hacer otro círculo, que necesitarás en el paso 10.

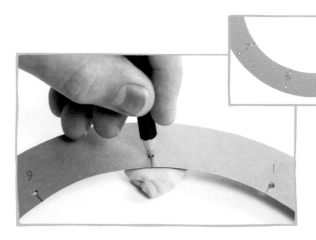

Haz 4 agujeros más debajo de los números 4, 5, 6 y 7.

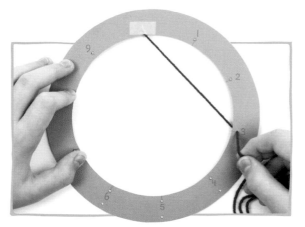

5 Con un lápiz y un poco de masilla adhesiva, haz un agujero junto a cada número, a 0,5 cm del borde interior. Haz 4 agujeros más en la parte inferior del círculo y otro en la superior, entre el 0 y el 1.

Este agujero te servirá para colgar el atrapasueños.

6 Pasa la lana por el agujero que está junto al 0 y fíjala con cinta adhesiva. Este atrapasueños se basa en la tabla de multiplicar del tres, así que lleva la lana hacia el número tres y pásala por el agujero que está junto a él.

7 Multiplica 3 por 2 para saber cuál es el número siguiente. La respuesta es 6, así que lleva la lana del número 3 al número 6 y pásala por el agujero. Luego calcula 3 por 3 y lleva la lana del número 6 al número 9.

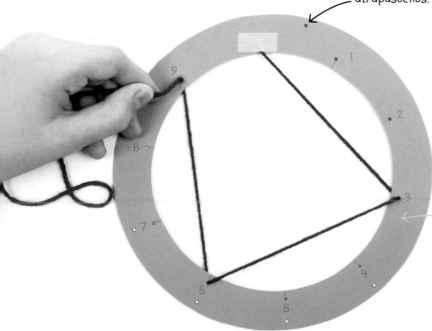

Con la tabla de multiplicar del tres sabrás cuál es el siguiente agujero por el que tienes que pasar la lana.

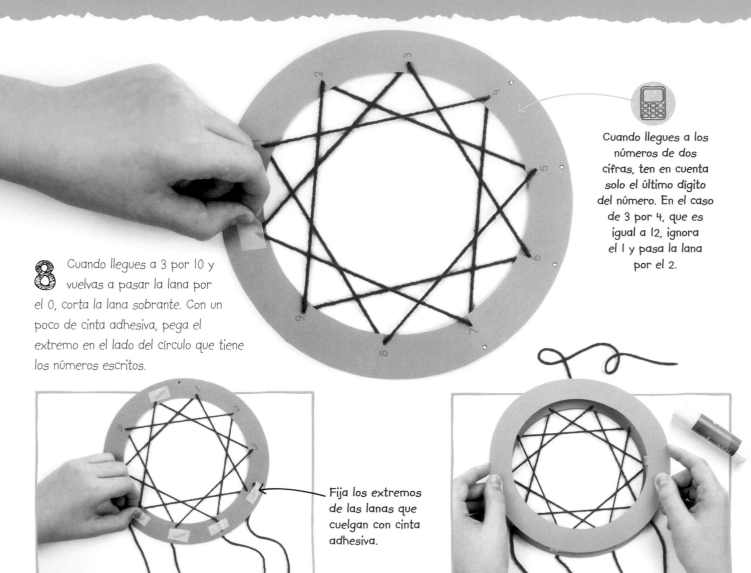

Cuando llegues a los números de dos cifras, ten en cuenta solo el último dígito del número. En el caso de 3 por 4, que es igual a 12, ignora el 1 y pasa la lana por el 2.

8 Cuando llegues a 3 por 10 y vuelvas a pasar la lana por el 0, corta la lana sobrante. Con un poco de cinta adhesiva, pega el extremo en el lado del círculo que tiene los números escritos.

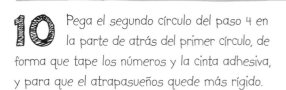

Fija los extremos de las lanas que cuelgan con cinta adhesiva.

9 Corta cuatro trozos de lana de 20 cm. Pásalos por los agujeros extra de la parte inferior y fíjalos para que no se muevan. Haz lo mismo con el agujero superior, para colgar el atrapasueños.

10 Pega el segundo círculo del paso 4 en la parte de atrás del primer círculo, de forma que tape los números y la cinta adhesiva, y para que el atrapasueños quede más rígido.

11 Inserta cuentas en cada una de las lanas que cuelgan de la parte inferior. Cuando hayas puesto todas las cuentas, haz un nudo para que no caigan. Pon plumas en los agujeros de las cuentas; asegúrate de que quedan bien sujetas. Corta la lana que sobre.

VARIOS DISEÑOS

Utiliza distintas tablas de multiplicar para ver qué diseños salen. Puedes combinar incluso distintas tablas de multiplicar usando lanas de varios colores.

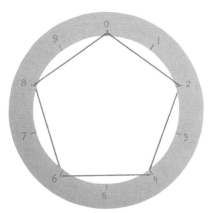

Tabla de multiplicar del dos

Tabla de multiplicar del cuatro

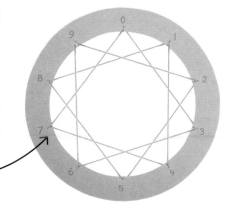

Tabla de multiplicar del siete

Las plumas le dan mucho colorido.

12 Decora tu atrapasueños con pegatinas, brillantina o pintura. ¡Ya puedes colgarlo!

Algunas tablas de multiplicar coinciden en el diseño. Este coincide con el de la tabla del tres.

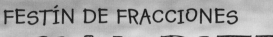

FESTÍN DE FRACCIONES

UNA PIZZA PARA COMPARTIR

Si tus amigos se quedan a cenar, puedes prepararles una deliciosa pizza para compartir. Mientras haces la masa y la salsa, aprenderás a medir ingredientes, y cuando esté lista, las fracciones te ayudarán a saber cuánta pizza le corresponde a cada uno. ¡Disfruta!

¡Evita problemas, dividiendo la pizza en porciones iguales!

MATEMÁTICAS QUE VAS A USAR

• MEDICIONES, para que la proporción de los ingredientes sea correcta.

• FRACCIONES, para repartir la pizza de manera equitativa con tus amigos.

CÓMO SE PREPARA

UNA PIZZA PARA COMPARTIR

Preparar una pizza te ayudará a comprender mejor las fracciones, ya que deberás dividirla en porciones iguales de forma que haya para todo el mundo. Esta receta es para dos pizzas. Puedes añadirles tus ingredientes preferidos.

Tiempo
30 minutos, y 60 más para que repose la masa

Dificultad
Fácil

Advertencia
¡Quema! Pídele a un adulto que te ayude.

PARA DOS PIZZAS NECESITAS

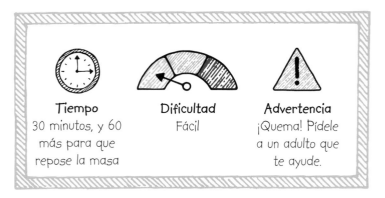

Azúcar   Levadura en polvo   Sal

450 g de harina blanca de fuerza

275 ml de agua

Dos bolas de mozzarella fresca

Vinagre de vino tinto

Ajo

Albahaca seca

Otros ingredientes que te gusten

Cuchara y cucharilla

Cuenco

Albahaca fresca (opcional)

Trapo de cocina

Lata de 400 g de tomates pera

Rodillo

Báscula   Bandeja de horno para pizza   Batidora de jarra

1 Mezcla 450 g de harina blanca de fuerza con una cucharadita de sal, otra de azúcar y otra de levadura en polvo. Haz un agujero en el centro de la mezcla y vierte en él 275 ml de agua.

2 Remueve con una cuchara hasta mezclar el agua con la harina. Cuando empiece a formarse una bola, humedécete las manos para que se ligue bien.

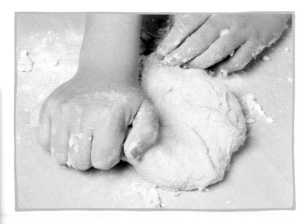

3 Espolvorea con harina la superficie de trabajo para que no se pegue. Pon encima la bola de masa y empieza a amasarla. Presiona y extiende hasta lograr una masa uniforme y menos pegajosa.

Cuando la masa
se expande, es que
el volumen está
aumentando.

5 Mientras la masa reposa, prepara la salsa de tomate. Abre una lata de tomates de 400 g y ponlos en la batidora de jarra. Añade una pizca de sal, pimienta y albahaca seca, el diente de ajo y una cucharadita de vinagre. Pide a un adulto que te ayude a batir los ingredientes hasta que quede uniforme.

4 Haz una bola con la masa y ponla en el cuenco. Cúbrela con un trapo de cocina húmedo y deja que repose una hora, o hasta que doble su tamaño.

No hace falta que
cortes el diente de
ajo. Solo pélalo.

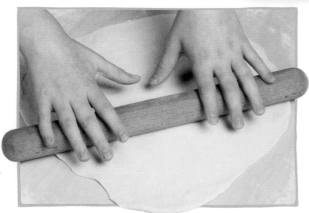

6 Retira el trapo y elimina el gas de la masa presionándola suavemente con el puño. Sácala del cuenco y vuelve a amasarla. Divide la masa en dos trozos del mismo tamaño.

FRACCIONES

Una fracción es una porción de algo más grande. Aquí, las dos bolas en las que has dividido la masa son fracciones (mitades) de una bola más grande. Si divides la bola en tres, serán tercios.

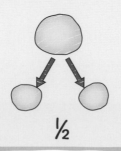

½

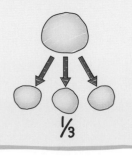

⅓

La temperatura se
mide en distintas
unidades, grados
centígrados o
grados Fahrenheit,
según los países.

7 Precalienta el horno a 220 °C. Espolvorea la superficie de trabajo con un poco de harina y luego estira cada una de las bolas de masa con el rodillo hasta obtener una forma circular.

8 Pon la masa en la bandeja. Si sobresale, dobla el borde hacia dentro: así quedará una bonita corteza. Extiende la mitad de la salsa sobre la masa.

9 Corta una *bola de mozzarella* en rodajas y repártelas sobre la pizza. Puedes añadir los ingredientes que quieras (cebolla, pimiento, salami...). Repite el proceso con la otra pizza. Pide a un adulto que hornee las pizzas unos 10-15 minutos.

10 Cuando el queso se haya dorado y burbujee, saca la pizza del horno. Pídele a un adulto que te ayude pues el horno estará muy caliente. Déjala enfriar un poco. Divídela y... ¡disfrutad!

Puedes dividir la pizza en dos mitades y poner unos ingredientes en una mitad y otros distintos en la otra.

DIVIDIR LA PIZZA

Dividir la pizza entre amigos a partes iguales te ayudará a comprender cómo funcionan las fracciones.

1 Si vais a compartir la pizza entre tres y cada uno quiere una porción, hay que dividir la pizza en tres partes iguales. Uno dividido entre tres es ⅓, así que debes dividir la pizza en tercios.

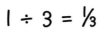

$$1 ÷ 3 = ⅓$$

⅓   ⅓   ⅓

2 Si llegan tres amigos más y todos queréis una porción, tendréis que dividir la pizza en seis partes iguales. Uno dividido entre seis es ⅙, así que debes cortarla en sextos. Cuanto mayor sea el número de abajo de la fracción, más pequeñas serán las porciones.

⅙   ⅙   ⅙   ⅙   ⅙   ⅙

$$1 ÷ 6 = ⅙$$

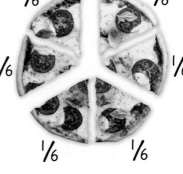

Puedes decorarla con unas hojas de albahaca fresca.

FORMAS

Las formas son unos elementos matemáticos básicos que puedes usar para crear cosas fantásticas. Al realizar el proyecto de la bola de fotografías que aparece en este capítulo, aprenderás a combinar formas en 2D para crear un objeto en 3D. También aprenderás a estampar diseños repetitivos y a experimentar con el teselado para crear auténticas obras de arte. Y te divertirás descubriendo cómo puedes hacer saltar una rana de origami o cómo lograr que una tarjeta en 3D cobre vida.

DIBUJOS SIMÉTRICOS

A nuestra vista, las imágenes simétricas, es decir, con dos mitades que se reflejan entre sí, le parecen bonitas e interesantes. En este proyecto vas a hacer dos dibujos simétricos, cada uno de ellos con un método distinto. También aprenderás a utilizar las coordenadas de una cuadrícula para dar forma a tu obra de arte.

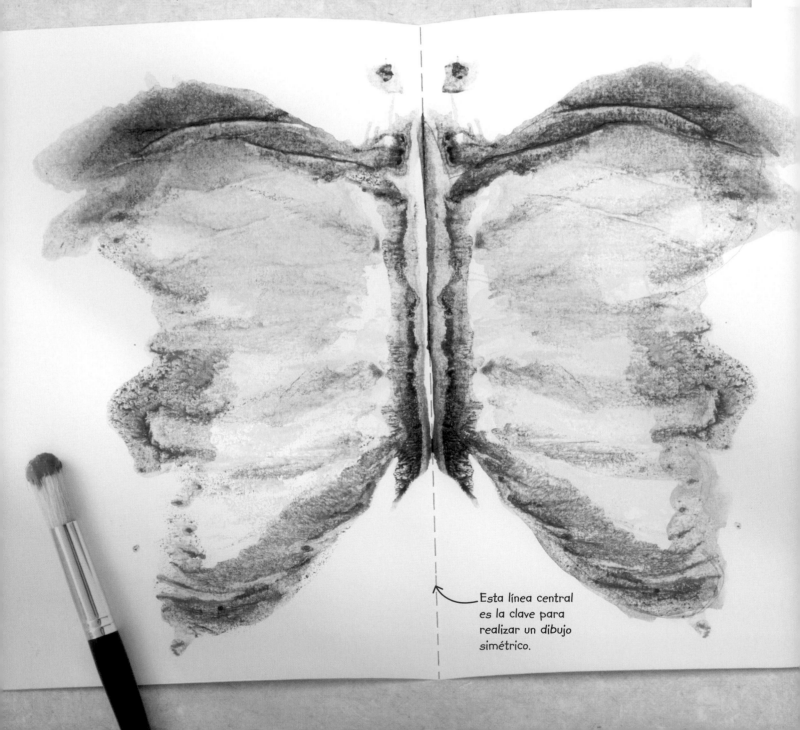

Esta línea central es la clave para realizar un dibujo simétrico.

-7 -6 -5 -4 -3 -2 -1 0   4 5 6 7 8 9 10

Utiliza las coordenadas
para hacer una imagen
refleja muy precisa.

CÓMO CREAR
DIBUJOS SIMÉTRICOS

Te proponemos crear dos obras de arte en las que se usa la simetría reflectiva. Para la primera necesitarás mucha pintura de colores. La segunda es un poco más complicada. Primero tendrás que dibujar una cuadrícula o, si lo prefieres, puedes utilizar papel cuadriculado.

MATEMÁTICAS QUE VAS A USAR
- SIMETRÍA REFLECTIVA para que la mitad de tu dibujo reproduzca la otra mitad.
- COORDENADAS para confeccionar un dibujo perfectamente simétrico.
- VÉRTICES para determinar las zonas que deben reflejarse en ambos lados del dibujo.

Tiempo
120 minutos

Dificultad
Media

QUÉ NECESITAS

Regla

Goma de borrar

Pinturas de colores

Hoja de papel blanco

Lápices de colores

Rotulador

Pincel

Lápiz

PROYECTO 1

1 Dobla una hoja de papel por la mitad y vuelve a abrirla. Con un lápiz y una regla, dibuja una línea de puntos vertical en el centro de la hoja.

2 En uno de los lados de la línea, dibuja con el lápiz la mitad de una mariposa; hazlo con trazo ligero.

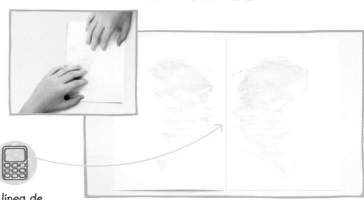

3 Sitúa una hoja de papel debajo del dibujo y luego pinta la media mariposa con pintura. Sé generoso con la pintura, para que parte de ella se transfiera al otro lado cuando dobles el papel.

La línea de simetría también puede llamarse eje de simetría.

4 Dobla la hoja por la mitad y presiónala. Abre el papel y verás que la media mariposa se ha transferido a la otra mitad de la hoja, creando una imagen simétrica.

5 Repite el paso 3 con otros colores para añadir detalles a tu dibujo. Dobla y presiona de nuevo la hoja para transferir la pintura al otro lado.

SIMETRÍA REFLECTIVA

Una figura tiene simetría reflectiva si al trazar una línea a través de ella, queda dividida en dos mitades idénticas que son un calco perfecto la una de la otra. Esta línea de simetría puede ir en cualquier dirección, no solo vertical u horizontalmente. Algunas figuras tienen varias líneas de simetría, y otras no tienen ninguna.

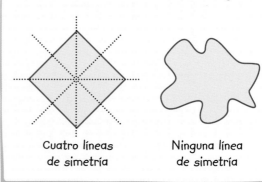

Cuatro líneas de simetría

Ninguna línea de simetría

6 Vuelve a abrir la hoja y verás que también los detalles se han transferido al otro lado.

Esta mariposa tiene un eje de simetría.

PROYECTO 2

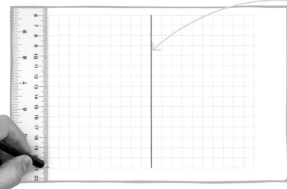

Esta línea vertical es el eje Y de la cuadrícula y será la línea de simetría.

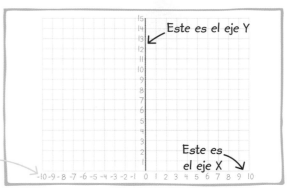

Este es el eje Y

Este es el eje X

1 En una hoja, haz un rectángulo de 20 × 15 cm. Haz una marca cada cm, en cada lado. Traza líneas horizontales y verticales entre esas marcas, de manera que obtengas una cuadrícula. En el centro de la cuadrícula, traza una línea vertical más gruesa.

Los números que quedan a la izquierda del cero son negativos.

2 Empezando por la izquierda y desplazándote hacia la derecha, numera las líneas del eje X, de -10 a 10. Luego numera las del eje Y hasta 15.

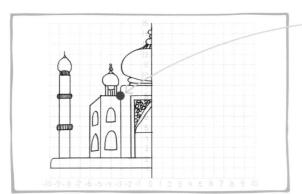

Las coordenadas de este vértice son (-3, 8).

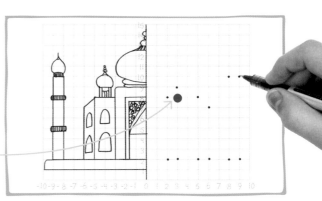

3 A la izquierda del eje Y, dibuja la mitad de un edificio. Sigue la cuadrícula siempre que puedas. Usa los números de la cuadrícula para establecer los vértices, las coordenadas donde las líneas se unen.

Si la coordenada es -3, se convierte en 3 al otro lado de la línea de simetría.

4 Para saber dónde dibujar el reflejo de cada vértice, convierte el número negativo de la primera parte de cada coordenada en positivo. Marca estas coordenadas al otro lado del eje Y.

COORDENADAS

Los números que se usan para identificar la posición exacta en una cuadrícula o en un mapa se llaman coordenadas. Se escriben entre paréntesis: el primer número hace referencia al eje X y el segundo al eje Y. Los dos números van separados por una coma.

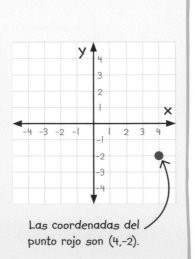

Las coordenadas del punto rojo son (4,-2).

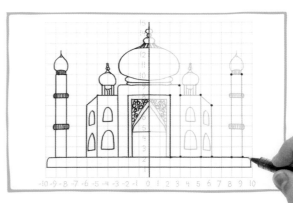

5 Con un lápiz, conecta los vértices con líneas y luego completa el dibujo con los detalles que falten. Cuando estés satisfecho con el resultado, repasa el lápiz con un rotulador negro.

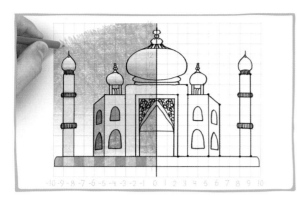

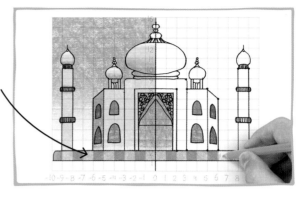

Este cuadrado es verde claro a la izquierda del eje Y: también será verde claro a la derecha.

6 Colorea la parte izquierda del dibujo con lápices de colores o rotuladores. Puedes crear buenos diseños usando dos tonos distintos de un mismo color, como verde claro y verde oscuro.

7 Luego, repite con cuidado el diseño a la derecha de la línea de simetría coloreando los cuadrados opuestos. Para saber de qué color es cada cuadrado, guíate por las coordenadas.

8 Repite el proceso hasta que hayas coloreado todo el dibujo. ¿Qué otras imágenes crees que servirían para hacer un dibujo simétrico?

MATEMÁTICAS DEL MUNDO REAL
LA SIMETRÍA EN LA ARQUITECTURA

La simetría se usa en el diseño de edificios, no solo para conseguir estructuras sólidas, sino porque a nuestros ojos (y cerebros), las cosas simétricas les resultan atractivas. Tanto la estructura de la Torre Eiffel en París, Francia, como el diseño de sus cruces metálicas son simétricas.

SIMETRÍA ROTACIONAL

Un objeto presenta simetría rotacional si al hacerlo girar alrededor de un punto, llamado centro de rotación, sigue teniendo exactamente el mismo aspecto. El número de veces que un objeto puede hacerlo se conoce como orden de simetría rotacional.

Este es el centro de rotación.

1 Para que sea más fácil mostrar el orden de simetría rotacional de esta hélice, hemos pintado de amarillo el extremo de una de sus palas.

2 Haz girar la hélice hasta que esté en la posición que se muestra en el paso 1. Verás que la punta amarilla se desplaza alrededor del punto central.

3 Hazla girar hasta que la punta amarilla vuelva a quedar arriba. Para ello, habrá repetido la posición del paso 1 tres veces, así que tiene una simetría rotacional de orden 3.

BALÓN FOTOGRÁFICO

Estas curiosas figuras en realidad no son «bolas». Son dodecaedros, unas figuras tridimensionales (3D) formadas por 12 pentágonos unidos. Son fantásticas para exhibir fotografías, ya que tienen espacio para 12 fotos, una en cada cara. Quedan preciosas como regalo.

MATEMÁTICAS QUE VAS A USAR

• FIGURAS EN 2D, para confeccionar los lados del balón.
• FIGURAS EN 3D, cuando unas los lados en 2D.
• ÁNGULOS, para dividir el círculo y confeccionar la plantilla del pentágono.

Si pones una foto en cada cara, tendrás un total de 12 fotos en tu balón fotográfico.

Cada cara es una figura plana, pero al juntarlas forman una estructura en 3D.

CÓMO HACER UN
BALÓN FOTOGRÁFICO

Para este proyecto debes hacer una plantilla.
Pon mucha atención al medir, para que el
balón tenga el tamaño justo. Una vez que
tengas la figura en 3D, puedes decorarla
con fotos de tus mascotas, tus vacaciones,
tus aficiones o lo que quieras.

Tiempo
45 minutos

Dificultad
Media

QUÉ NECESITAS

Regla

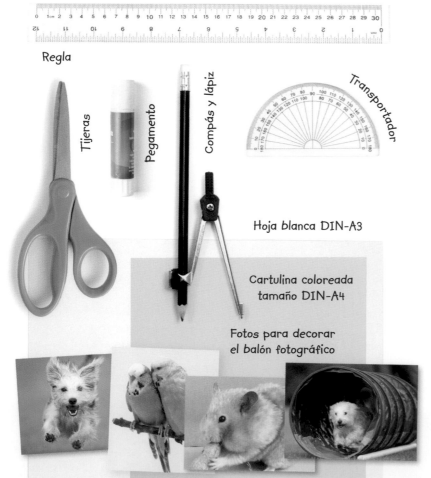

Tijeras

Pegamento

Compás y lápiz

Transportador

Hoja blanca DIN-A3

Cartulina coloreada
tamaño DIN-A4

Fotos para decorar
el balón fotográfico

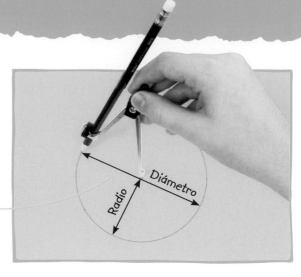

El diámetro divide
el círculo por la
mitad. El radio va
desde el borde
del círculo hasta
el centro.

1 Coloca el compás con una abertura de 3 cm
y traza un círculo sobre una cartulina tamaño
DIN-A4. El círculo tendrá un radio de 3 cm y un
diámetro de 6 cm.

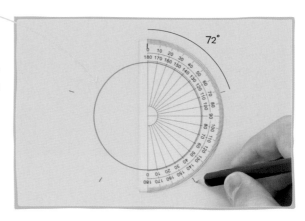

360 dividido entre
cinco es 72, así que
si haces una marca
cada 72° tendrás
una figura de cinco
lados.

2 Pon el transportador en el centro del círculo.
Empezando por la parte superior, haz una
marca en 0°, 72°, 144°, 216° y 288°. Tendrás que
girar el transportador.

POLÍGONOS

Un polígono es una figura bidimensional (2D)
de tres o más lados. Los polígonos se llaman
según el número de lados que tienen.

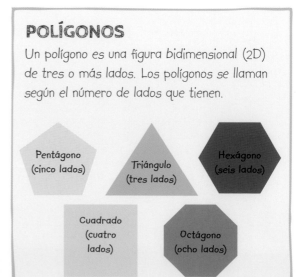

Pentágono
(cinco lados)

Triángulo
(tres lados)

Hexágono
(seis lados)

Cuadrado
(cuatro
lados)

Octágono
(ocho lados)

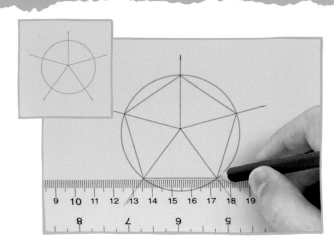

Tras recortar el pentágono, dale la vuelta para que las líneas de lápiz no te confundan.

3 Con una regla, haz un línea desde cada una de las marcas que acabas de hacer hasta el centro del círculo. Luego traza una línea recta entre cada marca y la siguiente, hasta formar un pentágono.

4 Con unas tijeras, recorta el pentágono con cuidado. Esta es la plantilla que usarás para hacer el balón, así que los lados deben quedar bien rectos y pulidos.

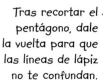

Si numeras los pentágonos te va a ser más fácil seguir las siguientes instrucciones.

5 Coloca el pentágono sobre el lado izquierdo de una hoja de papel DIN-A3; deja como mínimo 8 cm por cada lado y luego repasa la figura con un lápiz. Numéralo con un 1.

6 Mueve la plantilla a la esquina superior derecha del pentágono que has dibujado. Repásala y ponle el número 2. La parte inferior izquierda del segundo pentágono debe estar alineada con la parte superior derecha del primero.

7 Sigue dibujando y numerando pentágonos alineados con el pentágono central en sentido contrario a las agujas del reloj, hasta tener seis pentágonos conectados.

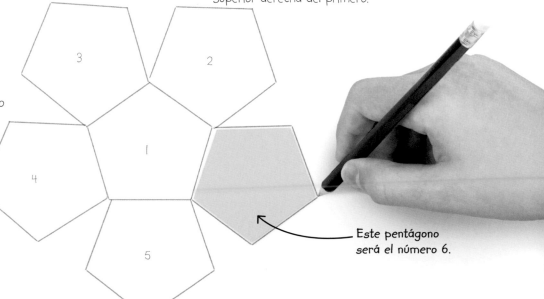

Este pentágono será el número 6.

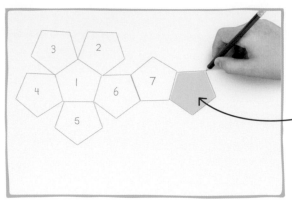

8 Prolonga el diseño dibujando otro pentágono (el número 7), alineado con el extremo derecho del pentágono 6. Luego dibuja un segundo pentágono (8) unido al extremo derecho del pentágono 7.

Este será el pentágono número 8.

POLIEDROS

Las figuras en 3D cuyas caras están formadas por polígonos se llaman poliedros. Estos que ves aquí se conocen como poliedros regulares porque todas sus caras tienen la misma forma e igual tamaño.

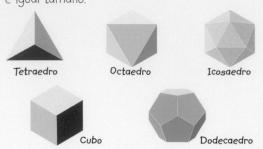

Tetraedro   Octaedro   Icosaedro

Cubo   Dodecaedro

9 Traza otros cuatro pentágonos alrededor del pentágono 8, y numéralos del 9 al 12. Debes obtener una figura idéntica a la que has completado en el paso 7.

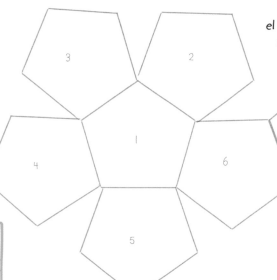

Este será el pentágono número 12.

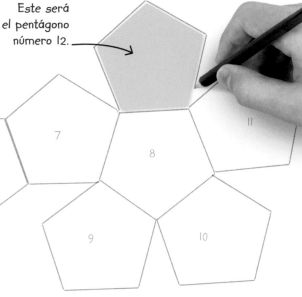

10 Dibuja una pestaña de 0,5 cm de alto en el lado inferior derecho del pentágono 2. Sigue añadiendo pestañas en sentido contrario a las agujas del reloj en los lados de los pentágonos 2-6. De cada cuatro pestañas, sáltate una.

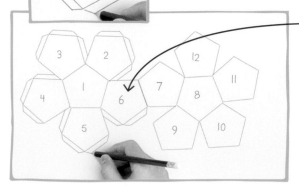

Este pentágono tan solo dispone de espacio para dos pestañas.

Una vez montado, este conjunto de polígonos formará un dodecaedro, un poliedro de 12 caras.

11 Dibuja una única pestaña en el lado superior derecho del pentágono 7. Sáltate tres lados en el sentido de las agujas del reloj y luego dibuja una pestaña en el lado inferior derecho del pentágono 12. Repítelo hasta llegar al pentágono 9.

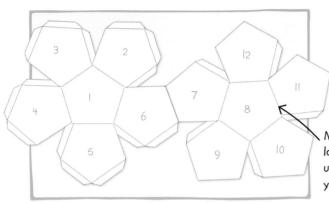

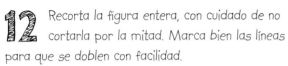

Marca bien las líneas con un lápiz afilado y una regla.

12 Recorta la figura entera, con cuidado de no cortarla por la mitad. Marca bien las líneas para que se doblen con facilidad.

13 Dale la vuelta a la figura para que no se vea el lápiz. Con la plantilla, recorta fotos de tus mascotas o tu familia y pega una foto en cada pentágono.

15 Dobla el resto de las líneas para montar la figura. Presiona con fuerza para que las pestañas se peguen bien.

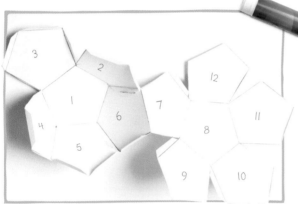

14 Dale de nuevo la vuelta y dobla las pestañas por la línea. Pon pegamento en las pestañas.

Las pestañas deben pegarse al dorso de las caras.

MATEMÁTICAS DEL MUNDO REAL
FÚTBOL

Un balón es una esfera, una figura circular en 3D con una cara. Pero los balones de fútbol se hacen uniendo dos tipos distintos de polígonos (pentágonos, de cinco lados, y hexágonos, de seis lados) que forman una sola cara lisa.

ENVOLTORIOS DE PAPEL

PAPEL Y BOLSA DE REGALO

A todos nos gusta recibir un regalo envuelto en papel de regalo o una bolsa con una sorpresa para llevar a casa tras una fiesta, y con esta estampación seguro que tus amigos quedarán impresionados. Muchos artistas usan secuencias matemáticas para crear sus diseños, y tú puedes hacer lo mismo al decorar el papel de envolver con un diseño que se repite.

¿Por qué no haces una tarjeta de regalo a juego?

Haz una bonita bolsa de regalo y pon dentro un obsequio para tus amigos.

MATEMÁTICAS QUE VAS A USAR

• PATRONES REPETITIVOS, para decorar el papel de envolver y la bolsa de regalo.

• ÁNGULOS, para asegurarte de que doblas la bolsa de forma correcta.

• MEDICIONES, para calcular la forma y el tamaño del papel, la bolsa y las asas.

CÓMO ESTAMPAR EL
PAPEL DE ENVOLVER

En este proyecto utilizarás una patata como sello para estampar un dibujo en el papel de envolver. Nosotros hemos usado un pez, pero puedes utilizar lo que quieras. No escatimes en papel y así podrás usar parte del mismo para confeccionar bolsas de regalo.

Tiempo	Dificultad	Advertencia
90 minutos	Media	¡Cuchillo afilado! Pídele a un adulto que te ayude.

QUÉ NECESITAS

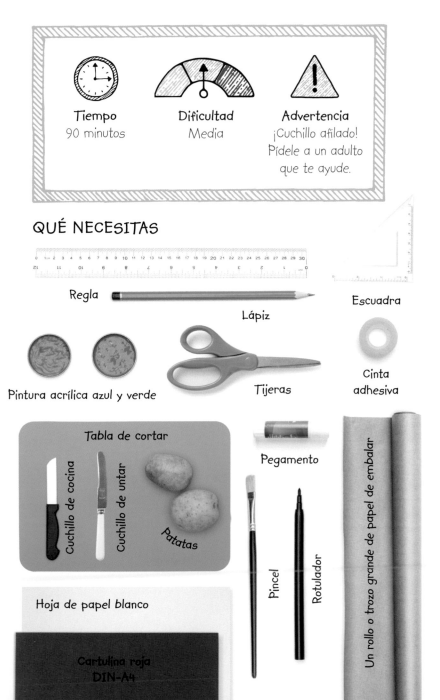

Regla

Lápiz

Escuadra

Pintura acrílica azul y verde

Tijeras

Cinta adhesiva

Tabla de cortar

Pegamento

Cuchillo de cocina

Cuchillo de untar

Patatas

Pincel

Rotulador

Un rollo o trozo grande de papel de embalar

Hoja de papel blanco

Cartulina roja DIN-A4

PREPARA EL PAPEL DE ENVOLVER

1 Pídele a un adulto que te corte una patata por la mitad con un cuchillo de cocina y una tabla.

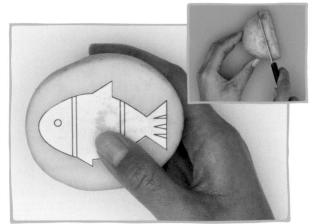

2 En una hoja de papel, dibuja un pez y recórtalo. Pon el pez sobre la patata y pide a un adulto que te ayude a hacer cortes de 0,5 cm de profundidad alrededor de la plantilla. Luego rebaja alrededor de la plantilla. Tal vez te sea más fácil si resigues la plantilla con un rotulador.

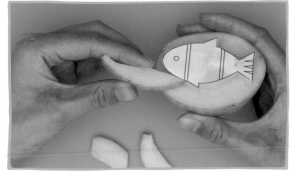

3 Retira los trozos de patata sueltos con los dedos, dejando la figura del pez. Repite los pasos 1-3 y haz otro pez, pero que mire hacia el otro lado.

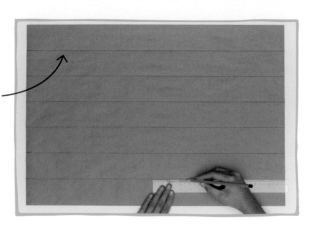

Usa las líneas como guía mientras estampas el papel con la patata.

4 Con un cuchillo de untar, haz algunos cortes en el cuerpo y la cola. Con la punta del lápiz, hazle los ojos y demás detalles a tu sello para estampar.

5 Mide la altura de tu sello. Extiende la hoja de papel de embalar y ve marcando esa misma distancia a ambos lados de la hoja. Con una regla, traza líneas entre las marcas de ambos lados.

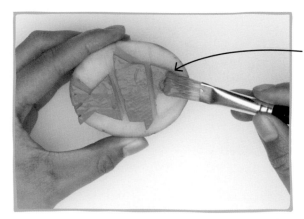

Si pones demasiada pintura en el sello no se apreciarán bien los detalles.

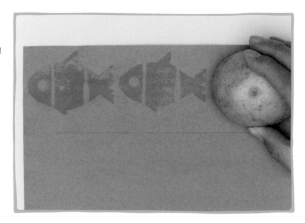

6 Mezcla un poco de pintura acrílica con algo de agua. Con un pincel, pinta el pez. Tras estampar dos peces o tres, tendrás que volver a pintarlo.

7 Estampa el sello en la esquina superior izquierda del papel. Sigue estampando hasta rellenar una fila de peces azules.

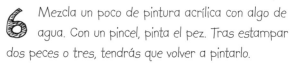

Pueden hacerse diseños repetitivos horizontales, verticales o en diagonal. También se pueden ir alternando cada pocas líneas, como en este caso.

8 Cubre toda la superficie del papel, línea a línea, creando un bonito diseño. Puedes alternar colores o distintos sellos. En este diseño hemos usado peces verdes y azules, pero puedes utilizar la combinación que más te guste. Cuando termines de estampar, deja secar la pintura.

PREPARA UNA BOLSA DE REGALO

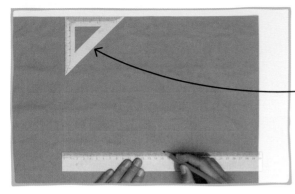

Usa una escuadra para comprobar que las esquinas forman ángulo recto. Luego recorta el rectángulo.

1 En la parte de atrás del papel de embalar, dibuja un rectángulo con la ayuda de un lápiz y una regla. Debe medir 21 cm de ancho y 30 cm de largo. Recorta el rectángulo con las tijeras.

PATRONES REPETITIVOS

Un patrón que se repite sigue una secuencia una y otra vez. Puedes crear patrones repetitivos con figuras, colores o números.

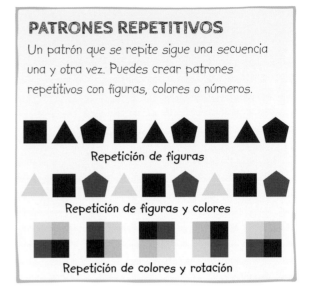

Repetición de figuras

Repetición de figuras y colores

Repetición de colores y rotación

2 cm

5 cm

2 Con el lápiz, traza una línea vertical a 2 cm del margen derecho y una línea horizontal a 5 cm del margen inferior.

Aplica pegamento en el lado de la pestaña que está estampado para pegar los dos lados de la hoja.

3 Dobla el papel hacia dentro por la línea que está a 2 cm para formar una pestaña y luego dale la vuelta al papel. Pon pegamento en la pestaña, toma el papel por el lado derecho, dóblalo y presiónalo para que se pegue bien a la pestaña.

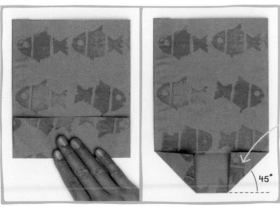

45°

Dobla las esquinas hacia dentro en un ángulo de 45°, de manera que se forme un triángulo en cada lado.

4 Dobla el papel por la línea que está a 5 cm, la que has dibujado en el paso 2, y alísalo. Dobla las esquinas inferiores hacia arriba para que se unan a la línea de lápiz y presiona los pliegues.

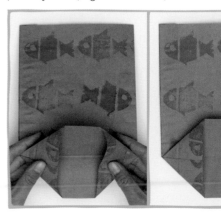

5 Abre la parte inferior de la bolsa por la línea del pliegue y presiona los laterales hacia el centro. Aplana los extremos de manera que se formen dos triángulos grandes.

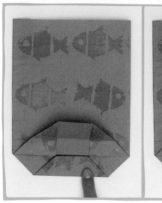

Los dobleces crean estos ángulos rectos de 90°.

Sujeta las dos solapas hacia abajo con cinta adhesiva.

6 Dobla la parte inferior hacia arriba, hasta la mitad, y luego dobla la solapa superior hacia abajo para que quede superpuesta a la solapa inferior como mínimo 0,5 cm.

7 Gira la bolsa 90° y dobla los laterales hacia dentro de modo que se forme un ángulo recto en las esquinas de la izquierda. Alisa los dobleces y luego ábrelas de nuevo.

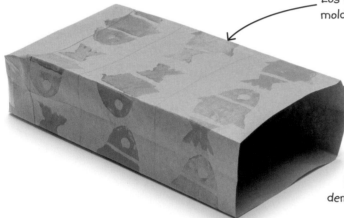

Los dobleces moldean la bolsa.

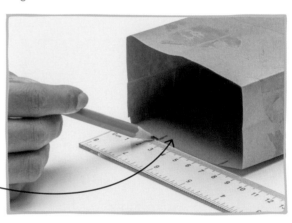

Haz las marcas dentro de la bolsa.

8 Abre la bolsa, mete las manos dentro y con cuidado presiona la base hacia fuera. Luego presiona los dobleces que has hecho.

9 Con el lápiz, haz dos marcas en los lados largos de la parte abierta de la bolsa, a 2 cm del borde. Estas marcas te servirán para colocar las asas.

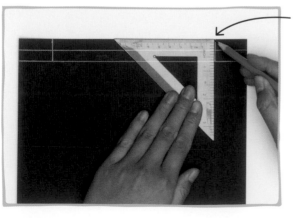

Coloca la escuadra sobre las marcas hechas a 3 cm y traza líneas verticales en ángulo recto con las líneas horizontales que ya has trazado.

Añade el pegamento justo cuando vayas a pegarlo a la bolsa.

10 Para confeccionar las asas, dibuja dos tiras de 21 × 1 cm en una cartulina de color rojo. Traza una línea a 3 cm del borde en cada uno de los extremos.

11 Recorta las dos tiras de cartulina y dóblalas por las líneas hechas con el lápiz formando cuatro pestañas. Pon un poco de pegamento en el extremo de cada una de las pestañas.

12 Coloca el extremo encolado de una de las asas dentro de la bolsa, sobre una de las marcas que has hecho en el paso 9, y presiona con fuerza. Luego pega el otro extremo en su sitio. Dale la vuelta a la bolsa y repite la operación con la otra asa.

13 Coloca la bolsa en posición vertical y mete dentro un regalo para un amigo. Puedes hacer varias bolsas, meter dentro algún regalo y repartirlas entre tus invitados al final de una fiesta.

La bolsa queda muy bonita gracias a la alternancia de peces.

MATEMÁTICAS DEL MUNDO REAL
ESTAMPACIÓN DE TEJIDOS

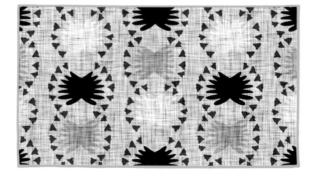

El proceso que permite transferir diseños y colores a un trozo de tela se conoce como estampación de tejidos. Hay varios métodos para estampar diseños repetitivos en las telas, entre ellos los rodillos, los sellos de madera, las plantillas o la serigrafía.

GRANDES IMÁGENES
AMPLIAR UN DIBUJO

Las cuadrículas son muy útiles para ampliar un dibujo con exactitud y manteniendo las mismas proporciones. Puedes crear obras de arte para colgarlas en la pared. Escoge la ilustración y prepárate para hacer las cosas a lo grande.

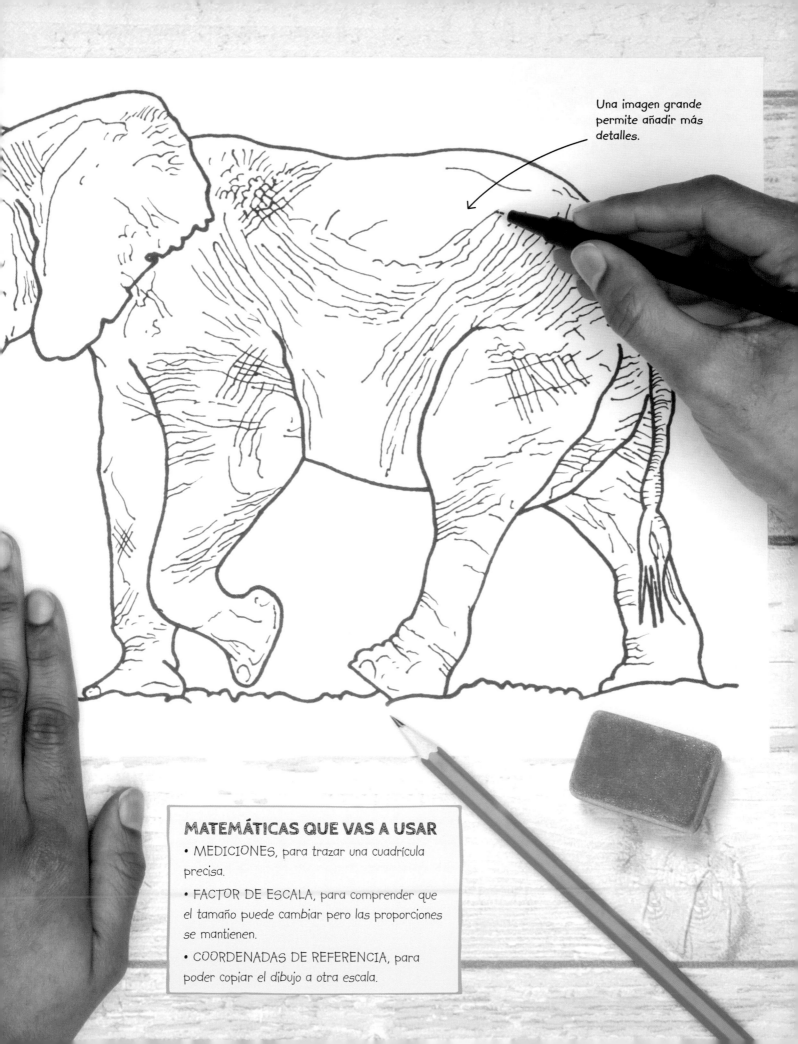

Una imagen grande permite añadir más detalles.

MATEMÁTICAS QUE VAS A USAR
• MEDICIONES, para trazar una cuadrícula precisa.
• FACTOR DE ESCALA, para comprender que el tamaño puede cambiar pero las proporciones se mantienen.
• COORDENADAS DE REFERENCIA, para poder copiar el dibujo a otra escala.

CÓMO AMPLIAR
UN DIBUJO
A ESCALA

Para este proyecto, necesitarás dos cuadrículas distintas. La diferencia de tamaño entre ellas es la escala: cuanto mayor es la escala, mayor es la diferencia. Puedes copiar la ilustración inicial de algún libro haciendo la primera cuadrícula *sobre* papel de calco. Sujeta la cuadrícula al libro para que no se mueva y calca la imagen.

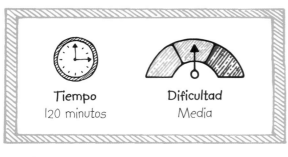

Tiempo	Dificultad
120 minutos	Media

QUÉ NECESITAS

Regla

La ilustración que vas a copiar

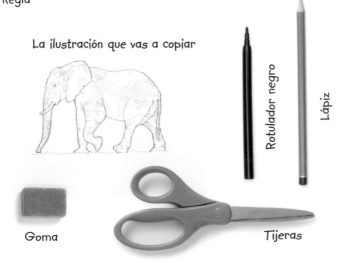

Rotulador negro

Lápiz

Goma

Tijeras

Hoja de papel blanco DIN-A3

Escuadra

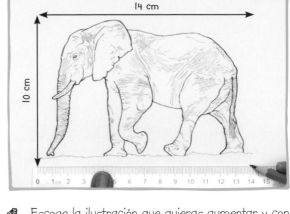

1 Escoge la ilustración que quieras aumentar y con una regla mide su altura y su anchura. Nuestra ilustración mide 10 cm de alto y 14 cm de ancho.

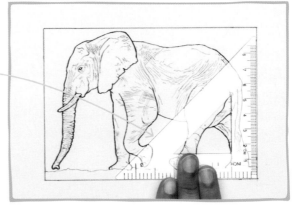

Usa una escuadra para asegurarte de que las esquinas forman un ángulo recto (90°).

2 Dibuja un rectángulo alrededor de la ilustración. Deja un poco de espacio por arriba, por debajo y por los lados del dibujo.

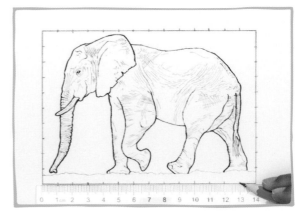

3 Con la ayuda de una regla y un lápiz, haz una marca cada 1 cm en todos los lados del rectángulo. A nosotros nos salen 14 marcas por arriba y por abajo, y 10 por los lados.

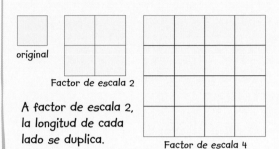

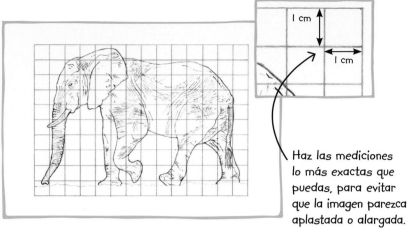

Haz las mediciones lo más exactas que puedas, para evitar que la imagen parezca aplastada o alargada.

4 Con el lápiz y la regla, une las marcas con líneas horizontales y verticales. Al terminar tienes que tener una cuadrícula formada por 140 cuadrados sobre la ilustración original.

5 Numera los cuadrados del 1 al 10 de abajo arriba, y de la A a la N de derecha a izquierda, tal como se muestra abajo. Estas letras y números son las coordenadas de la cuadrícula, y te ayudarán a identificar los cuadrados de la ilustración.

Duplicar las dimensiones de la imagen original es agrandarla por un factor de escala 2.

FACTOR DE ESCALA

Reproducir a escala es hacer algo más grande o más pequeño pero manteniendo las proporciones. El factor de escala es la proporción en la que aumentas o disminuyes el tamaño.

original

Factor de escala 2

A factor de escala 2, la longitud de cada lado se duplica.

Factor de escala 4

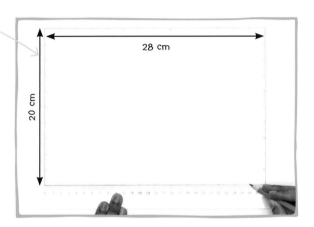

6 Para duplicar el tamaño de la imagen, multiplica la altura y la anchura por dos. En una hoja de papel DIN-A3 en blanco, dibuja un rectángulo con las nuevas dimensiones: 20 x 28 cm.

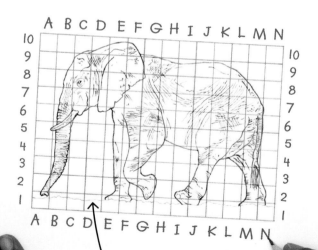

Las cuadrículas pueden tener el número de cuadrados que necesites, pero ambas deben tener la misma cantidad de ellos.

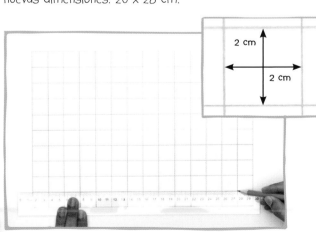

7 Repite el paso 3 para hacer otra cuadrícula, pero aumentando los cuadrados por un factor de dos: a 2 x 2 cm.

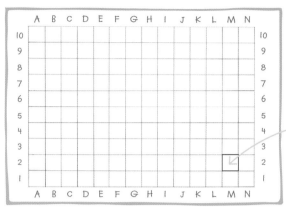

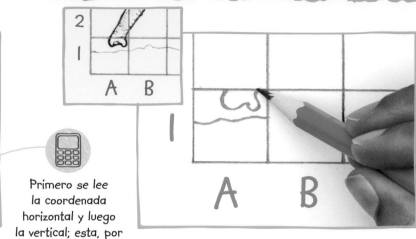

8 Anota las coordenadas en las columnas y filas, como has hecho en el paso 5. Ya puedes copiar el elefante más pequeño en la cuadrícula más grande.

Primero se lee la coordenada horizontal y luego la vertical; esta, por ejemplo, sería M2.

9 Copia el contorno de cada cuadrado de la cuadrícula pequeña en el correspondiente de la cuadrícula grande. Empieza por el cuadrado A1.

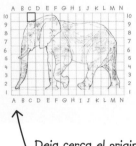

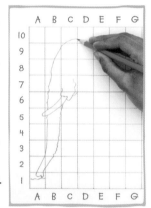

Deja cerca el original mientras copias el contorno y los detalles.

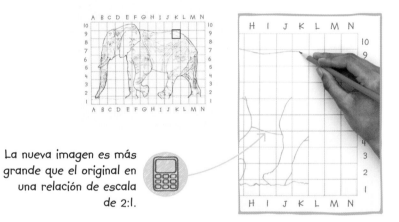

La nueva imagen es más grande que el original en una relación de escala de 2:1.

10 Sigue arriba y abajo por las columnas hasta trasladar el dibujo a la cuadrícula más grande. De momento copia solo el contorno de la imagen. Usa las coordenadas para saber qué tienes que dibujar en cada cuadrado.

11 Sigue cuadrado a cuadrado hasta que hayas trasladado todo el contorno de la imagen más pequeña. Comprueba de nuevo los cuadrados para asegurarte de que no te has dejado ninguna línea.

12 Repite los pasos 9-11, pero esta vez copia los detalles de cada cuadrado de la cuadrícula pequeña en el cuadrado correspondiente de la más grande. ¡Sigue hasta completar el dibujo!

Es más fácil añadir detalles y rasgos una vez trazado el contorno.

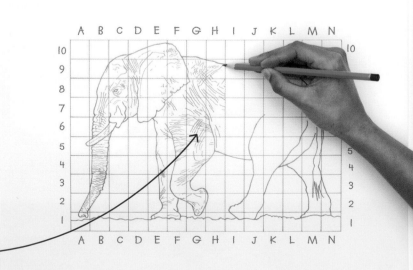

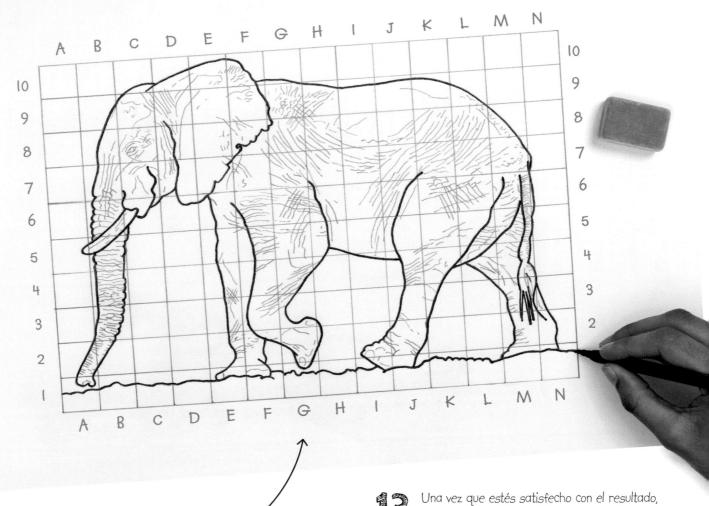

Con las tijeras, recorta el rectángulo
que rodea la imagen final, para separar
el dibujo de las coordenadas.

13 Una vez que estés satisfecho con el resultado,
repasa el lápiz con un rotulador negro. Borra
los restos de lápiz que queden y recorta alrededor
del rectángulo que has dibujado en el paso 2.

FIGURAS EN 3D A ESCALA

El factor de escala también puede aplicarse a
objetos en 3D. Además de a altura y a ancho,
también afecta a la profundidad del objeto.

La longitud de cada lado
del cubo más grande se
ha ampliado a tres cubos.

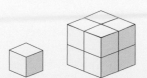

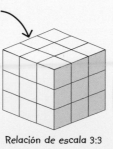

Original   Relación de escala 2:2   Relación de escala 3:3

MATEMÁTICAS DEL MUNDO REAL
CASA DE MUÑECAS EN MINIATURA

Una casa de muñecas es un modelo
detallado de una casa real, pero
reducida a una fracción de su
tamaño original. Para conseguir
que tanto la casa como
todos los objetos que
hay en ella sean lo más
realistas posible, tiene
que construirse a escala.

¡Presiona la espalda de la rana para que salga volando por los aires!

MATEMÁTICAS QUE VAS A USAR
- ÁNGULOS y bisecciones para que los dobleces sean precisos.
- CUADRADOS, RECTÁNGULOS Y TRIÁNGULOS, para crear figuras de papiroflexia complejas.

Añádele topos en la espalda para que pueda camuflarse.

Ponle unos ojos saltones para que pueda buscar moscas.

PLIEGUES DIVERTIDOS
RANA SALTARINA

Utiliza la papiroflexia –un arte japonés milenario que consiste en plegar el papel– para realizar una rana saltarina. Salta tan lejos que podría superar a cualquier anfibio que se precie, así que monta una pista y mide hasta dónde llega. ¡A saltar se ha dicho!

Si usas papel de colores vivos le darás un toque exótico a tu rana.

CÓMO HACER UNA
RANA
SALTARINA

Para hacer esta rana, necesitas un trozo de papel cuadrado. En el paso 1 verás cómo obtenerlo de un folio normal y corriente. También puedes comprar papel cuadrado para la papiroflexia en una tienda de manualidades. Dobla el papel como se indica, para que la rana quede perfecta.

Tiempo
20 minutos

Dificultad
Media

QUÉ NECESITAS

Lápiz

Ojos saltones

Tijeras

Cola blanca

Regla

Un folio verde y otro azul

1 Con el lápiz, traza una línea horizontal a 15 cm del lado superior y otra vertical a 15 cm del lado izquierdo. Recorta el cuadrado resultante.

Presiona el pliegue con el dedo para que quede bien marcado.

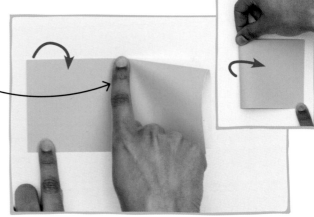

2 Dobla el cuadrado por la mitad para que quede un rectángulo verde. Vuelve a doblarlo en un cuadrado pequeño. Desdobla el último pliegue: tendrás dos cuadrados.

Estás doblando un ángulo recto por la mitad, o biseccionándolo.

3 Dobla la esquina superior de cada cuadrado hasta la esquina opuesta. Desdóblalas y haz lo mismo con las esquinas inferiores. Al desdoblarlos, cada cuadrado lo cruzarán dos líneas diagonales.

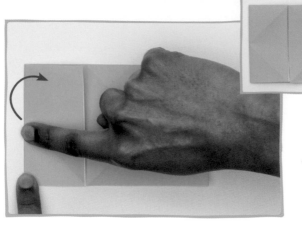

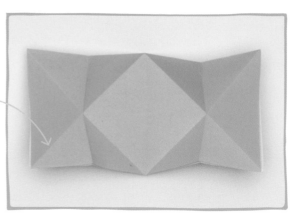

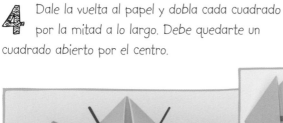

Fíjate bien en los dobleces. ¿Cuántas figuras ves en el trozo de papel?

4 Dale la vuelta al papel y dobla cada cuadrado por la mitad a lo largo. Debe quedarte un cuadrado abierto por el centro.

5 Dale la vuelta al papel y dóblalo del mismo modo que en el paso 4. Al abrirlo, los triángulos de la parte superior e inferior del papel deben sobresalir.

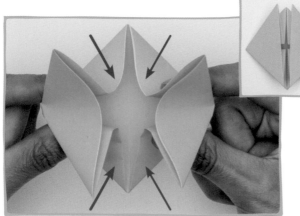

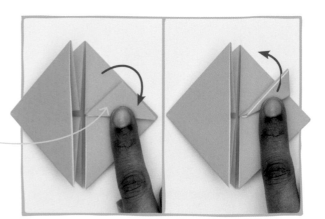

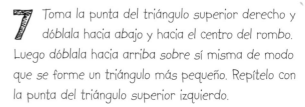

Al doblar estos triángulos por la mitad, los estás biseccionando.

6 Empuja los cuatro triángulos exteriores de ambos lados hacia dentro. Al doblar el papel hacia dentro, se formará un rombo.

7 Toma la punta del triángulo superior derecho y dóblala hacia abajo y hacia el centro del rombo. Luego dóblala hacia arriba sobre sí misma de modo que se forme un triángulo más pequeño. Repítelo con la punta del triángulo superior izquierdo.

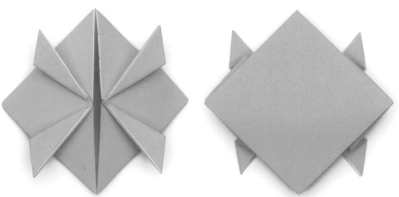

8 Repite el paso 7 con los dos triángulos inferiores, pero dóblalos primero hacia arriba y luego hacia abajo, de manera que obtengas una imagen invertida de la anterior. Dale la vuelta a la rana para que la parte plana quede arriba.

BISECCIÓN

Biseccionar significa cortar o dividir algo en dos partes iguales. Este ángulo se ha biseccionado y han quedado dos ángulos iguales de 20°.

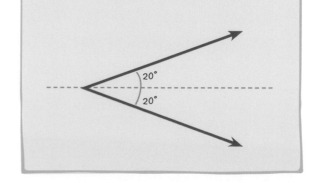

20°
20°

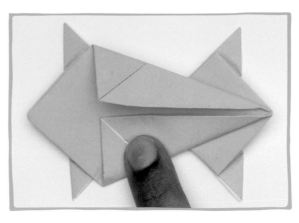

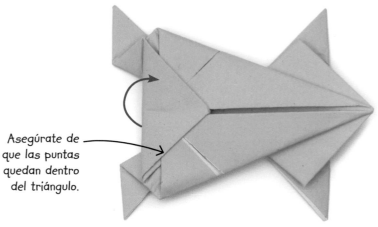

Asegúrate de que las puntas quedan dentro del triángulo.

9 Dobla la parte inferior del rombo hasta el eje de la rana. Haz lo mismo con la parte superior para que quede una figura parecida a una cometa.

10 Dobla el extremo izquierdo del rombo en un triángulo superpuesto. Las puntas interiores de la cometa deben quedar encajadas en él.

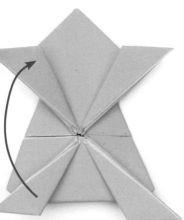

Dobla las puntas de las patas delanteras adentro y abajo para elevar cuerpo y cabeza.

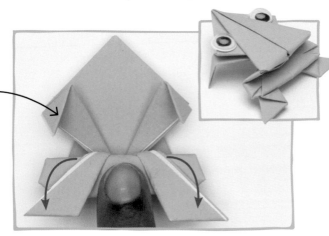

11 Dale la vuelta a la rana y gírala 90° para que la punta quede arriba. Luego dobla la rana por la mitad de manera que las patas traseras toquen las manos.

12 Dobla las patas por la mitad hacia ti para hacer el muelle de salto. Haz unos pequeños dobleces en las manos para elevar la cabeza. Dale la vuelta y pégale unos ojos saltones con cola blanca.

13 Pon un dedo sobre el resorte que hace que salte, tíralo hacia atrás y suéltala. ¡La rana saltará! Puedes usar un trozo de papel azul como río y medir lo lejos que puede saltar la rana.

Presiona y suelta para que la rana salga disparada.

Marca dónde ha aterrizado la rana y luego mide con la regla la distancia que ha saltado desde el punto de partida.

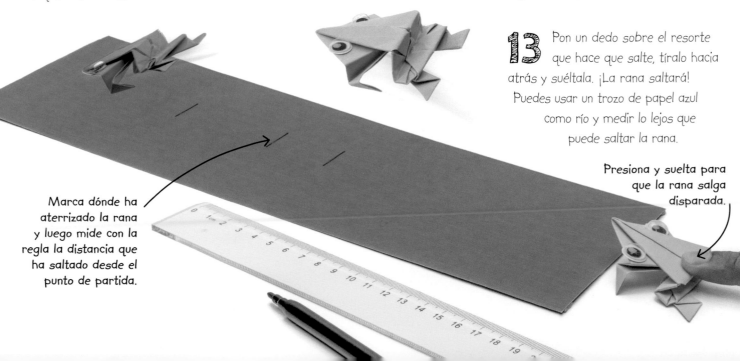

MATEMÁTICAS QUE VAS A USAR

• TESELADO, para crear un patrón de formas en 2D entrelazadas que encajen perfectamente.

• ROTACIONES, al posicionar cada figura, de modo que encaje perfectamente con la siguiente.

• MEDICIONES, para hacer una cuadrícula formada por cuadrados del mismo tamaño.

¡Lo bueno de los patrones teselados es que quedan siempre bien, los cuelgues como los cuelgues! →

DISEÑOS DIVERTIDOS

PATRONES DE TESELADO

Un patrón de teselado está formado por figuras idénticas que encajan entre sí sin que quede espacio entre ellas ni se solapen. ¿Te has fijado en que los panales de las abejas están formados por hexágonos teselados perfectamente acoplados? Crea una llamativa obra de arte con patrones de teselado. ¿Qué figura escogerás?

Para nuestro patrón de teselado hemos escogido una cara sonriente. Incluso los diseños más simples permiten crear teselados detallados.

CÓMO DISEÑAR
PATRONES DE TESELADO

El resultado final de este proyecto artístico es espectacular. Para empezar, decide la figura que quieres teselar y prepara la plantilla. Te mostraremos cómo crear una plantilla que se ajuste a nuestra cara sonriente, pero puedes usar esta técnica para crear tu propia obra de arte modificando la plantilla del paso 2.

FIGURAS TESELADAS

Las figuras se teselan cuando encajan a la perfección sin dejar espacio ni solaparse entre ellas. ¿Cuántas figuras teseladas puedes idear?

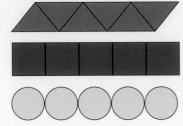

Teselado de triángulos

Teselado de cuadrados

Los círculos no se pueden teselar

Tiempo
120 minutos

Dificultad
Media

QUÉ NECESITAS

Regla

Rotulador negro

Tijeras

Lápiz

Lápices de colores

Goma

Cartulina de color

Hoja de papel DIN-A3

Cinta adhesiva

Comprueba que las medidas son exactas, para que todos los lados del cuadrado sean iguales.

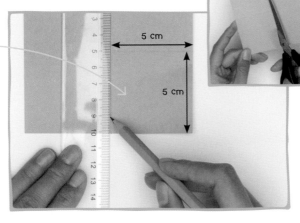

5 cm

5 cm

1 Con la ayuda de una regla, dibuja en la cartulina un cuadrado de 5 x 5 cm. Recórtalo a continuación con las tijeras.

2 Copia la figura que ves aquí; dibuja las líneas que van de una esquina a la otra en dos de los lados del cuadrado. Si diseñas tu propio patrón, puedes hacer las líneas onduladas o irregulares, pero no pongas demasiados detalles o te costará mucho recortarlo.

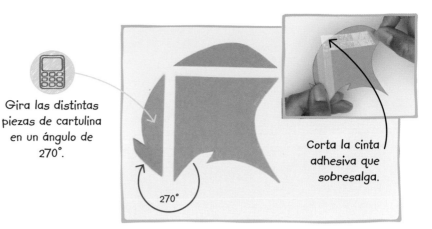

Gira las distintas piezas de cartulina en un ángulo de 270°.

Corta la cinta adhesiva que sobresalga.

3 Recorta con las tijeras por las líneas que has dibujado. Te quedarán tres piezas distintas.

4 Toma las piezas que has recortado y dales la vuelta. Ponlas en la parte exterior de los lados contiguos de la figura. Pégalas con cinta adhesiva.

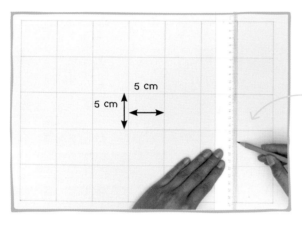

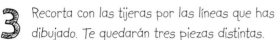

5 cm

5 cm

La cuadrícula estará formada por cuadrados de 5 x 5 cm.

5 En una hoja tamaño DIN-A3, y con la ayuda de un lápiz y una regla, haz marcas cada 5 cm por los cuatro lados. Luego traza líneas horizontales y verticales uniendo las marcas de ambos lados, hasta obtener una cuadrícula.

Alinea las líneas verticales y horizontales de la figura con las de la cuadrícula.

6 Pon la figura en uno de los cuadrados del centro de la cuadrícula. Con una mano sujeta la pieza para que no se mueva y con la otra repasa el contorno con el lápiz.

7 Decide lo que vas a dibujar en la figura para que cobre vida. Nosotros nos hemos decidido por una cara sonriente. Dibuja los detalles en el contorno que has hecho con el lápiz.

ROTACIÓN

Cuando un objeto se desplaza alrededor de un punto central, se dice que gira. La distancia que desplazamos la figura se llama ángulo de rotación.

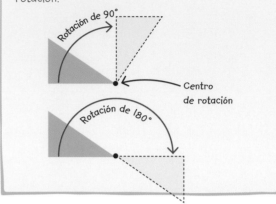

Rotación de 90°

Centro de rotación

Rotación de 180°

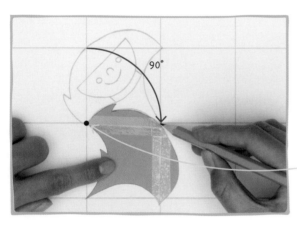

8 Gira la cartulina 90° en un cuadrado contiguo y vuelve a repasar el contorno. Verás que las figuras encajan como piezas de un rompecabezas.

Deja una esquina de la figura fija en este punto —el centro de rotación— mientras la giras.

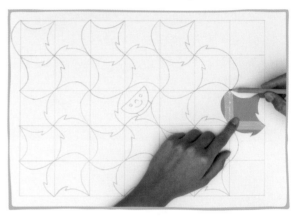

9 Sigue repasando el contorno de la plantilla. Gira 90° cada vez que cambies de cuadrado, hasta que toda la cuadrícula esté teselada.

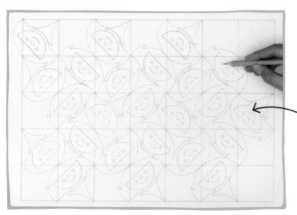

10 Dibuja una cara o repite el patrón en todas las figuras, hasta que todas tengan el mismo diseño que la primera.

Quizá te sea más fácil rotar el papel si añades detalles a la figura.

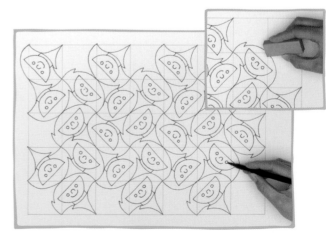

11 Repásalo todo con un rotulador negro para que el teselado quede más definido. Luego borra las líneas de la cuadrícula.

12 Para terminar, colorea el patrón de teselado con rotuladores o lápices de colores.

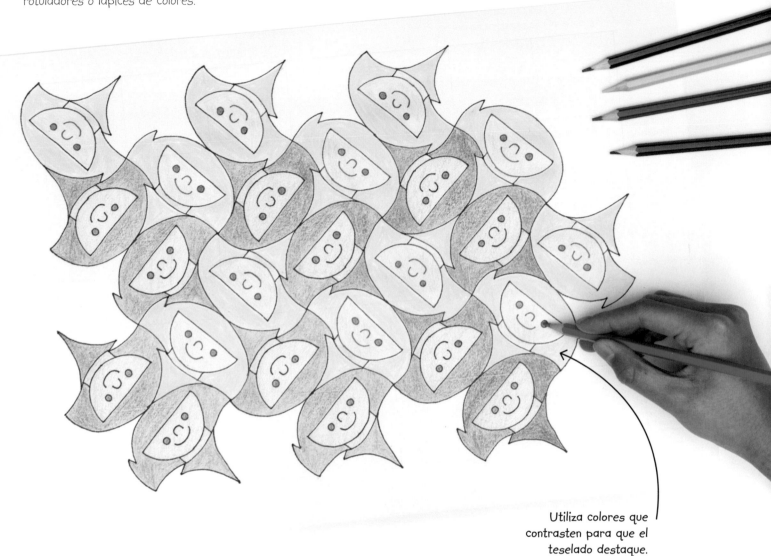

Utiliza colores que contrasten para que el teselado destaque.

TESELADOS MÁS COMPLEJOS

En cuanto domines la técnica básica del teselado, podrás atreverte con patrones más complejos. Estos utilizan la misma técnica que acabas de aprender, pero empiezan con una versión más compleja de la plantilla que has dibujado en el paso 2. También puedes experimentar con el color, para que el patrón sea más detallado y llamativo.

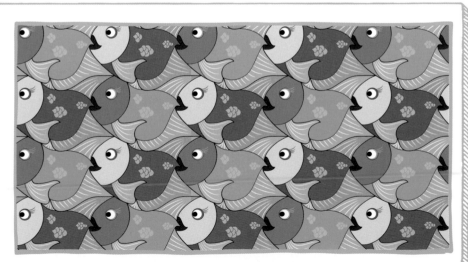

TRIÁNGULO IMPOSIBLE

Impresiona a tus amigos con este engañoso triángulo. Se trata de una figura que no puede existir en tres dimensiones, por eso se le llama imposible, pero los ingeniosos ángulos hacen creer al cerebro que sí podría existir en la vida real.

MATEMÁTICAS QUE VAS A USAR

• MEDICIONES, para asegurarte de que el triángulo tiene todos sus lados iguales.

• DOMINIO DEL COMPÁS, para señalar dónde debes trazar el contorno del triángulo.

• FIGURAS EN 3D, para que el triángulo destaque sobre el papel.

Puedes enmarcar el triángulo y colgarlo en tu habitación o bien regalárselo a alguien.

¡Piensa en grande! Prueba a doblar o triplicar las medidas para dibujar un triángulo gigante.

CÓMO TRAZAR UN
TRIÁNGULO IMPOSIBLE

Un triángulo imposible perfecto debe tener los ángulos interiores iguales, así que el compás te será muy útil. Experimenta con distintos colores y sombreados, para que parezca una figura en 3D.

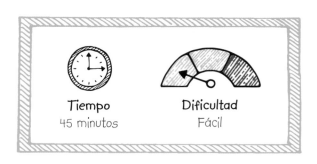

Tiempo
45 minutos

Dificultad
Fácil

QUÉ NECESITAS

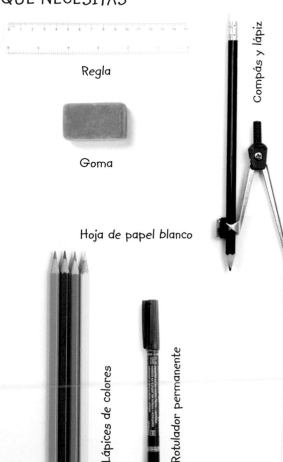

Regla

Goma

Compás y lápiz

Hoja de papel blanco

Lápices de colores

Rotulador permanente

TRIÁNGULO EQUILÁTERO

Un triángulo equilátero tiene tres lados iguales y sus ángulos interiores miden 60°.

Los tres lados tienen la misma longitud.

60°

Los tres ángulos son iguales.

60°   60°

¡Fija el compás a 9 cm o el triángulo no tendrá todos los lados iguales!

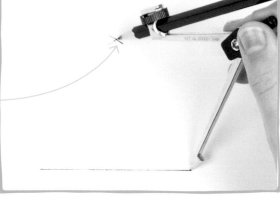

1 Con la ayuda de un lápiz y una regla, traza una línea de 9 cm. Abre 9 cm el compás, coloca el punto fijo en un extremo de la línea y traza un arco. Haz lo mismo en el otro extremo de la línea.

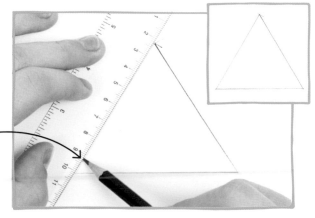

No aprietes mucho el lápiz, ya que luego tendrás que borrar estas líneas.

2 Une ambos extremos de la línea con el punto de intersección de los dos arcos. El resultado debe ser un triángulo de lados y ángulos iguales.

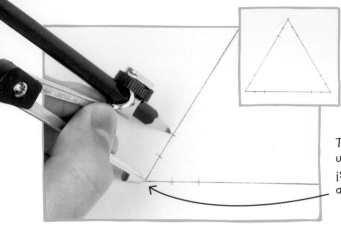

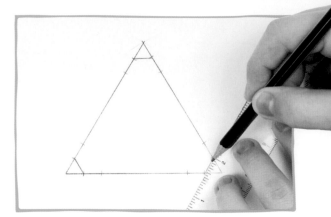

Ten cuidado cuando utilices el compás. ¡Su punta es muy afilada!

3 Abre 1 cm el compás y marca esta distancia desde cada esquina. Repítelo a continuación con una apertura de 2 cm.

4 Traza una línea que conecte los dos puntos a 1 cm a lado y lado de cada esquina, de forma que dibujes tres pequeños triángulos equiláteros.

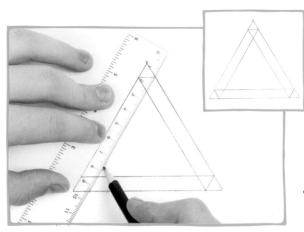

Los tres grupos de líneas paralelas deben formar tres triángulos equiláteros perfectos.

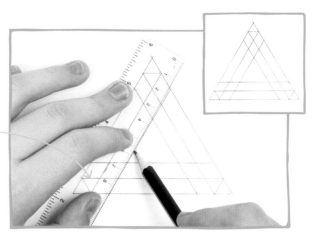

5 Haz una línea, paralela a la de la base, que una los puntos a 1 cm. Haz lo mismo en los otros lados, trazando un triángulo más pequeño dentro del primero.

6 Con el lápiz y la regla, traza tres líneas más que unan los puntos a 2 cm, trazando un triángulo todavía más pequeño dentro del segundo.

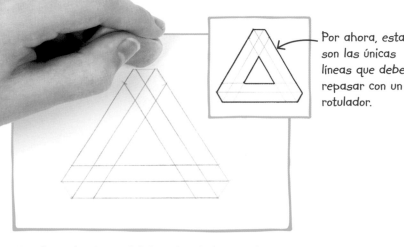

Por ahora, estas son las únicas líneas que debes repasar con un rotulador.

7 Borra los tres minitriángulos de las esquinas y repasa el contorno de la figura con un rotulador negro. Repasa también el triángulo más pequeño.

8 Luego, repasa las tres líneas que están a 1 cm del triángulo exterior, pero solo hasta la línea que queda a 2 cm del borde.

Esta es una de las líneas que produce la ilusión óptica.

Sombrea las zonas que quedarían en la sombra en una figura en 3D.

9 Para completar el triángulo imposible, une las líneas que están a 1 cm con el triángulo interior por tres sitios. Borra las líneas de lápiz que no necesites.

10 ¡Es el turno de algunos trucos finales! Si lo sombreas, todavía parecerá más una figura en 3D.

SUBE EL NIVEL

Para que tu triángulo imposible sea todavía más alucinante, ¿por qué no pruebas a construirlo con cubos? Aunque parece complicado, esta versión usa líneas con solo tres ángulos. No hace falta compás, así que si no tienes ninguno a mano, es una buena alternativa para dibujar un triángulo imposible diferente.

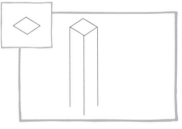

1 Dibuja un rombo que sea un poco más ancho que alto. Dibuja tres líneas paralelas desde el rombo hacia abajo.

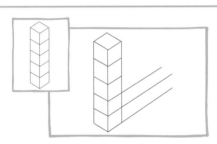

2 Une las tres líneas con anchas V y tendrás una torre de cinco cubos. Extiende las tres V inferiores a la derecha.

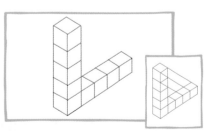

3 Repite el paso 2 para dividir estas líneas paralelas en cubos. Extiende las tres V finales hasta el rombo original.

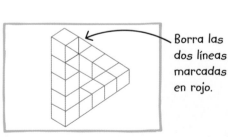

Borra las dos líneas marcadas en rojo.

4 Añade otras V para que estas tres líneas paralelas se transformen en cubos. Luego borra las líneas sobrantes del último cubo.

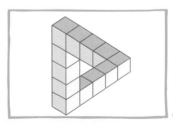

5 Colorea la figura con tonos distintos para potenciar la ilusión de que el triángulo imposible es una figura en 3D.

El verde hierba es
perfecto como color
de fondo para la
tarjeta del león.

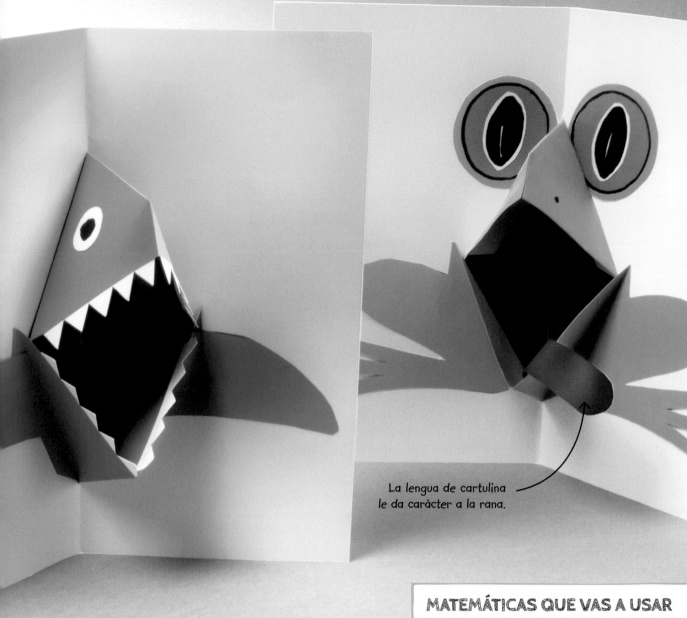

La lengua de cartulina
le da carácter a la rana.

MATEMÁTICAS QUE VAS A USAR
• ÁNGULOS, para que la tarjeta quede firme y funcione correctamente.
• MEDICIONES, para que la forma y el tamaño de la tarjeta sean los adecuados.

ÁNGULOS SORPRENDENTES
TARJETAS EN 3D

Sorprende a tus amigos y familiares con estas asombrosas creaciones. Con unas cuantas habilidades matemáticas, podrás confeccionar tarjetas que cobran vida al abrirlas. Por el camino, aprenderás a medir ángulos y a construir una estructura de papel que sale disparada hacia fuera. ¡Los cumpleaños no volverán a ser lo mismo!

CÓMO HACER UNA
TARJETA EN 3D

La clave de este proyecto está en los ángulos. Si los mides correctamente, todo saldrá a pedir de boca. Dobla la tarjeta con cuidado para que los pliegues queden bien marcados. Cuando tengas dominado el león, puedes experimentar con todo tipo de diseños.

Tiempo
30 minutos

Dificultad
Media

QUÉ NECESITAS

Regla

Tijeras

Pegamento

Transportador

Lápiz

Rotulador negro

Cartulinas de distintos colores de tamaño DIN-A4

Para el león hemos utilizado:
1 verde
2 amarillas
1 naranja

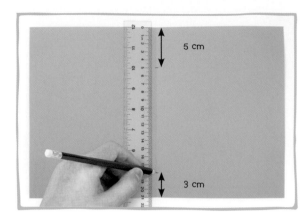

5 cm

3 cm

1 Dobla por la mitad una cartulina de tamaño DIN-A4. Presiona bien el doblez. Ábrela y haz una marca sobre el pliegue a 5 cm de la parte superior y otra a 3 cm de la parte inferior.

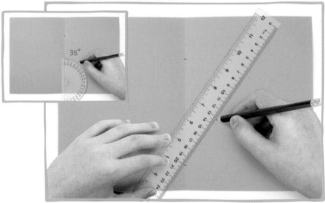

35°

2 Coloca el transportador en la marca que está a 3 cm, de modo que la línea de 0° se alinee con el pliegue. Mide un ángulo de 35° y traza una línea de 8 cm que lo una a la marca de 3 cm del pliegue.

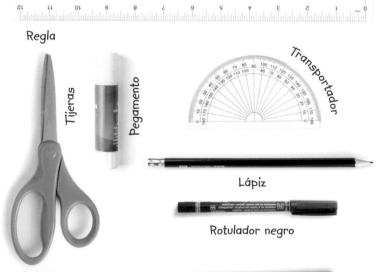

La figura que forman los dos triángulos es un rombo.

35° 35°

35° 35°

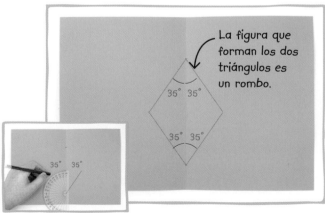

35° 35°

3 Repite el paso 2 al otro lado del pliegue, y luego también en la marca de 5 cm, de manera que los ángulos miren hacia abajo. Tienen que quedar dos ángulos de 70° enfrentados.

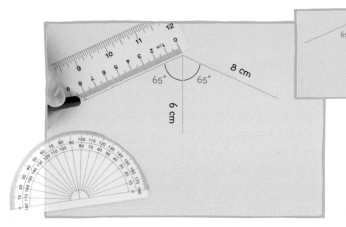

Los ángulos inferiores miden el doble que los superiores.

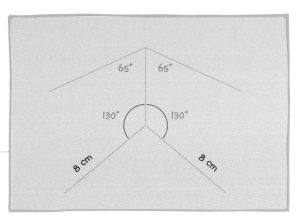

4 Para hacer el hocico, traza una línea de 6 cm en una cartulina amarilla. Luego traza dos líneas de 8 cm que salgan del extremo superior de la primera línea formando sendos ángulos de 65°.

5 Con el transportador en el extremo inferior de la línea de 6 cm, mide dos ángulos de 130°. Haz dos líneas de 8 cm, del extremo inferior de la línea de 6 cm a los puntos marcados con el transportador.

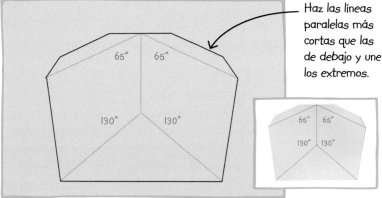

Haz las líneas paralelas más cortas que las de debajo y une los extremos.

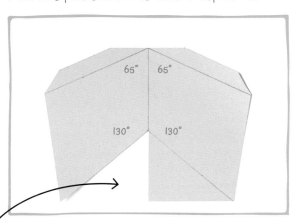

Debes poner el pegamento en la parte posterior de esta pestaña.

6 Haz líneas paralelas sobre las dos líneas de arriba, 1 cm por encima, para las pestañas. Une los puntos con un rotulador. Debe quedar una figura con un triángulo en la base. Recorta la figura.

7 Corta el triángulo de la base por la mitad, como ves aquí, para hacer una pestaña. Marca y dobla presionando bien todas las líneas de lápiz. Luego, pon pegamento en la parte posterior de la pestaña.

USO DEL TRANSPORTADOR

Alinea el transportador con la base del ángulo y busca el número correspondiente al ángulo que deseas.

Fíjate en si usas los números de fuera o los de dentro.

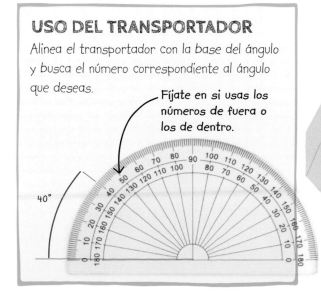

8 Dale la vuelta a la tarjeta. Pega la pestaña triangular debajo del lado opuesto, de manera que las dos líneas de 8 cm coincidan. Ya tienes la parte superior del hocico del león.

Pega la pestaña triangular aquí debajo.

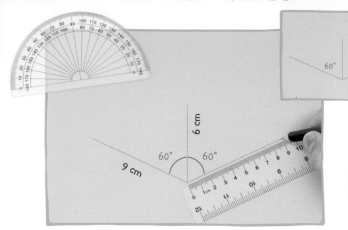

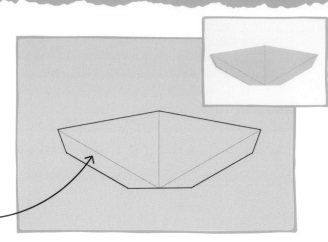

Con estas dos pestañas podrás pegar la barbilla a la base.

9 Para la barbilla del león, haz una línea de 6 cm en otra cartulina amarilla. En el extremo inferior de esta línea, mide dos ángulos de 60° y traza líneas de 9 cm que unan el extremo inferior de la línea con los dos puntos señalados con el transportador.

10 Con rotulador, traza dos líneas paralelas a 1 cm para hacer las dos pestañas y une los extremos exteriores de estas dos líneas con el extremo superior de la línea de 6 cm. Recorta por las líneas de rotulador y dobla por las líneas de lápiz.

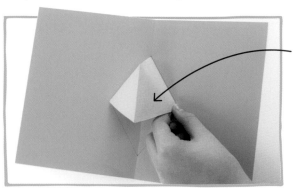

Coloca el hocico extendido sobre el pliegue central.

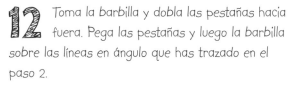

11 Dale la vuelta al hocico para que no se vea el lápiz, dobla las pestañas hacia dentro y pégalo sobre el ángulo de 70° que has marcado en el paso 3. Presiona para que se pegue bien.

12 Toma la barbilla y dobla las pestañas hacia fuera. Pega las pestañas y luego la barbilla sobre las líneas en ángulo que has trazado en el paso 2.

Para que quede simétrica, dobla un trozo de cartulina por la mitad y recorta los triángulos.

13 Haz ahora la melena del león. Corta un trozo de cartulina naranja de 6 × 8 cm y recorta varios triángulos para el pelaje inferior. Experimenta con otras formas irregulares para la melena superior.

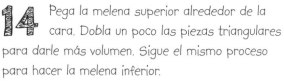

14 Pega la melena superior alrededor de la cara. Dobla un poco las piezas triangulares para darle más volumen. Sigue el mismo proceso para hacer la melena inferior.

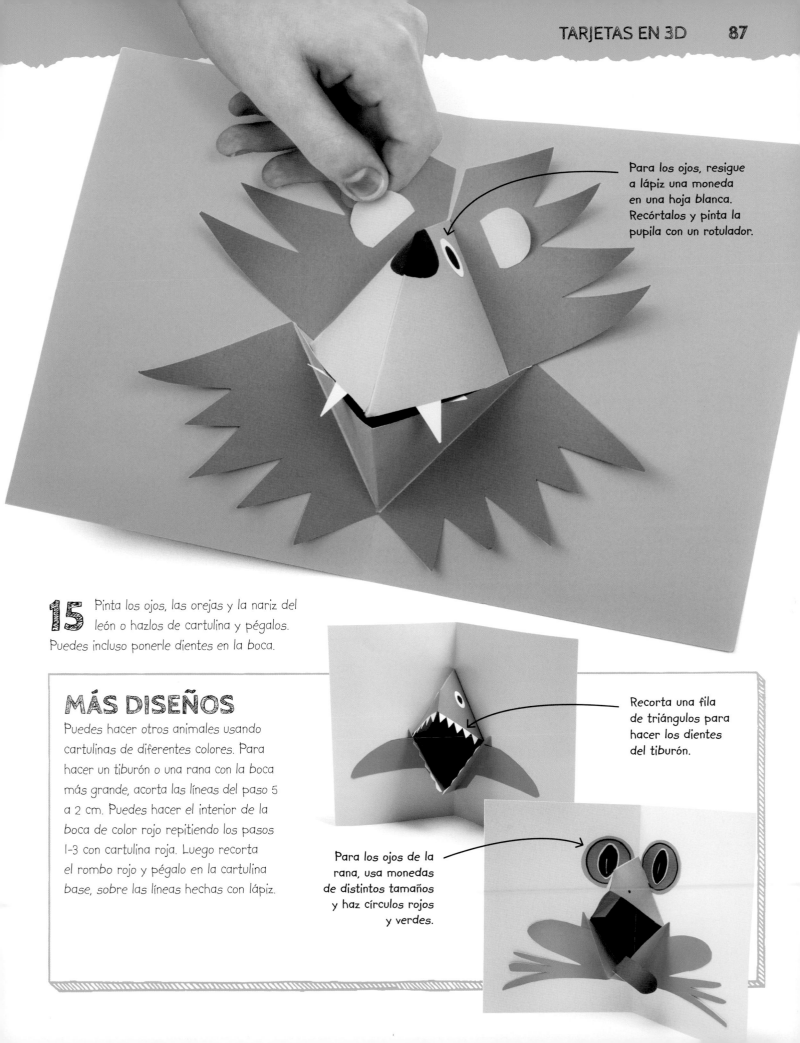

Para los ojos, resigue a lápiz una moneda en una hoja blanca. Recórtalos y pinta la pupila con un rotulador.

15 Pinta los ojos, las orejas y la nariz del león o hazlos de cartulina y pégalos. Puedes incluso ponerle dientes en la boca.

MÁS DISEÑOS

Puedes hacer otros animales usando cartulinas de diferentes colores. Para hacer un *tiburón* o una rana con la boca más grande, acorta las líneas del paso 5 a 2 cm. Puedes hacer el interior de la boca de color rojo repitiendo los pasos 1-3 con cartulina roja. Luego recorta el rombo rojo y pégalo en la cartulina base, sobre las líneas hechas con lápiz.

Recorta una fila de triángulos para hacer los dientes del tiburón.

Para los ojos de la rana, usa monedas de distintos tamaños y haz círculos rojos y verdes.

MEDICIONES

Da lo mismo si trabajas con pesos, alturas, longitudes o grosores. En todos los proyectos de este capítulo podrás practicar el arte de la medición. Calcularás la velocidad de un coche de carreras propulsado por una cinta elástica, consultarás la hora en un curioso reloj y construirás un fantástico circuito para canicas. Aprenderás a medir la probabilidad de que algo ocurra e incluso descubrirás que conocer el valor del dinero puede ayudarte a obtener beneficios en la próxima feria escolar.

PRUEBAS DE VELOCIDAD

Escucha el ruido que hace el bólido cuando pasa zumbando por la pista. Con muy poco, puedes fabricar un coche superveloz e incluso tunearlo para mejorar su rendimiento. Cronometra cuánto tarda en completer el circuito, calcula lo rápido que corre y cuál es su velocidad media, y afina el diseño para mejorar su rendimiento.

Decora la pista con cuadrados blancos adhesivos.

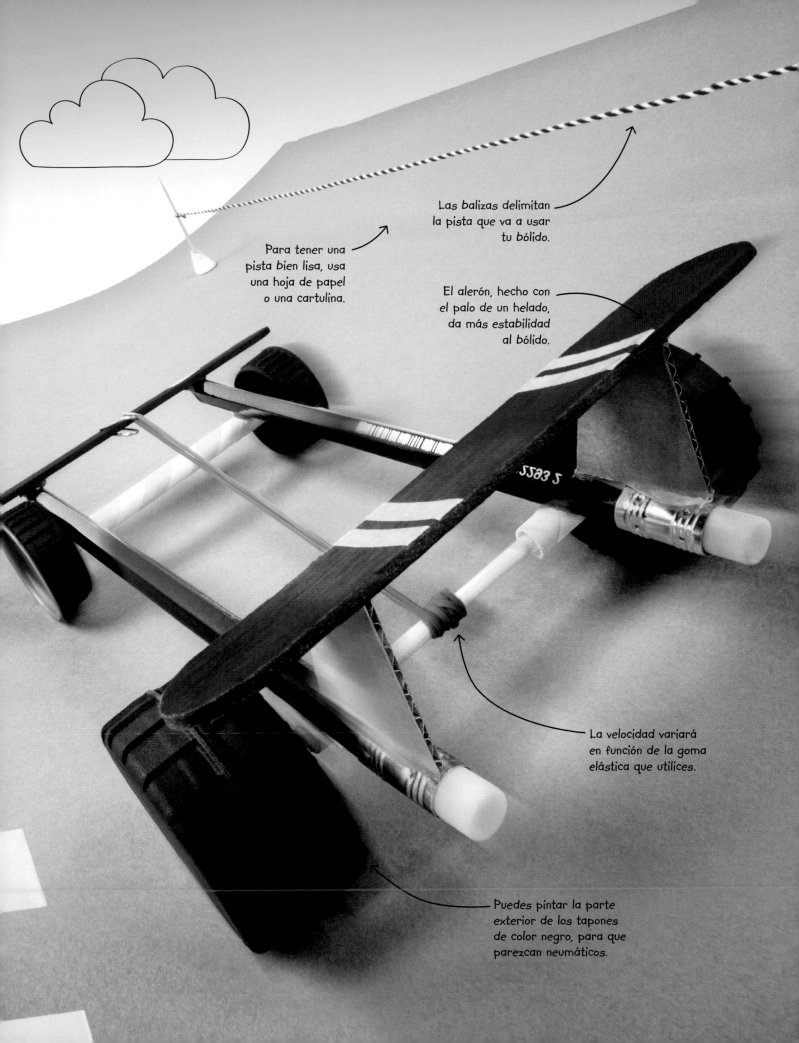

Para tener una
pista bien lisa, usa
una hoja de papel
o una cartulina.

Las balizas delimitan
la pista que va a usar
tu bólido.

El alerón, hecho con
el palo de un helado,
da más estabilidad
al bólido.

La velocidad variará
en función de la goma
elástica que utilices.

Puedes pintar la parte
exterior de los tapones
de color negro, para que
parezcan neumáticos.

CÓMO FABRICAR
UN COCHE DE CARRERAS

Al tensarse, la goma acumula una energía que, cuando se libera, hace que el coche salga disparado. Si haces una pista de una cierta longitud y cronometras lo que tarda el coche en recorrerla, sabrás su velocidad media.

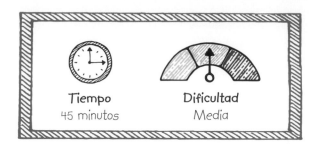

Tiempo	Dificultad
45 minutos	Media

MATEMÁTICAS QUE VAS A USAR

- CUADRILÁTEROS, para sostener el alerón que le dará estabilidad a tu bólido.
- CRONOMETRAJE, para calcular la velocidad.
- PROMEDIOS, para tener resultados fiables.

QUÉ NECESITAS

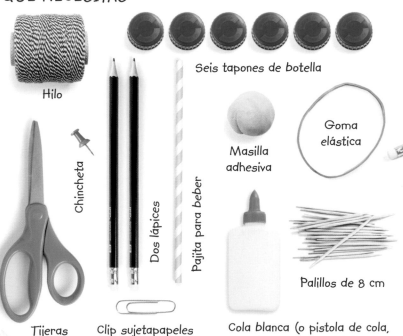

Hilo

Seis tapones de botella

Chincheta

Dos lápices

Pajita para beber

Masilla adhesiva

Goma elástica

Palillos de 8 cm

Tijeras

Clip sujetapapeles

Cola blanca (o pistola de cola, manejada por un adulto)

Cartulina rígida

Cinta métrica

Escuadra

Libreta

Cronómetro o móvil

Dos palos de helado anchos de 11,5 x 1,7 cm (o un cartón cortado a la medida)

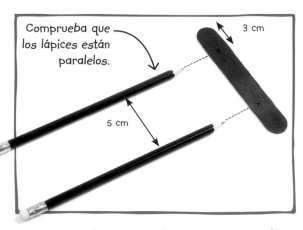

Comprueba que los lápices están paralelos.

3 cm

5 cm

1 Toma dos lápices y ponlos a 5 cm entre sí. Pon el palo de un polo (o un trozo de cartón rígido de esa medida) delante de ellos y haz una marca a 3 cm de cada uno de los extremos del palo.

Sujeta los lápices hasta que la cola se seque.

Los lápices deben quedar paralelos.

2 Pega los lápices por la punta, cada uno en una de las marcas. Los lápices deben quedar bien paralelos entre sí.

Comprueba con una escuadra que la pajita está perpendicular (en ángulo recto) con respecto a los lápices.

CUADRILÁTEROS

Un cuadrilátero es una figura bidimensional (2D) de cuatro lados. Todas estas figuras son cuadriláteros.

Cometa

Cuadrado

Romboide

Cuadrilátero irregular

Paralelogramo

Trapecio

Rectángulo

3 Toma una pajita y corta un trozo de 6,5 cm. Pégala en la parte inferior de los lápices, a 2 cm del palo. Esta será la parte delantera del bólido.

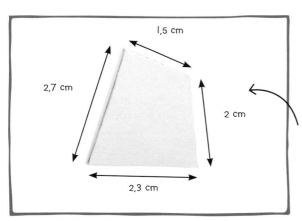

1,5 cm

2,7 cm

2 cm

2,3 cm

No te preocupes si las medidas no son del todo exactas.

4 Para hacer el alerón, dibuja un cuadrilátero (una figura de cuatro lados) en un trozo de cartulina. El lado superior debe medir lo mismo que el ancho del palo.

5 Haz un segundo cuadrilátero idéntico y fija cada uno de ellos a la parte posterior de un lápiz. Deben quedar como en el dibujo.

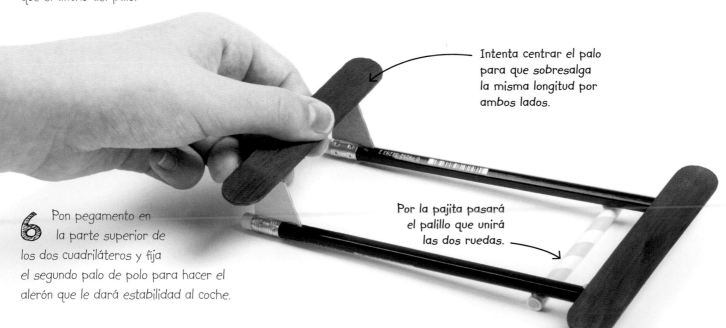

Intenta centrar el palo para que sobresalga la misma longitud por ambos lados.

6 Pon pegamento en la parte superior de los dos cuadriláteros y fija el segundo palo de polo para hacer el alerón que le dará estabilidad al coche.

Por la pajita pasará el palillo que unirá las dos ruedas.

EL CENTRO DE UN CÍRCULO

Traza una línea que cruce el círculo. A la mitad de esta línea, mide un ángulo de 90° y traza otra línea. El centro está a la mitad de la segunda línea.

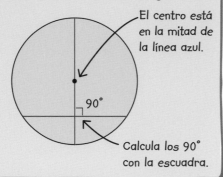

El centro está en la mitad de la línea azul.

90°

Calcula los 90° con la escuadra.

7 Toma el tapón de cuatro botellas y haz una marca en el centro de cada uno de ellos. Con una chincheta, hazles un agujero por el que quepa un palillo.

Mete una bola de masilla adhesiva dentro del tapón para que la chincheta no deje marca en la mesa cuando lo atravieses.

Comprueba con la escuadra que el eje está perpendicular. ¡Si no, la rueda se bamboleará!

Pon un poco de cola dentro del tapón, para que quede bien fuerte.

8 Pon un poco de cola en el agujero y mete un palillo; debe quedar bien perpendicular al tapón. Haz lo mismo con otro tapón y otro palillo.

9 Pasa uno de los ejes por dentro de la pajita. Con una cantidad generosa de cola, fija un tapón en el otro extremo del palillo.

El peso de la masilla hará que las ruedas traseras se agarren bien a la pista.

10 Corta dos trozos de pajita, de 2 cm, para sujetar el eje trasero. Pega uno en cada lápiz, en la parte posterior, a la misma altura y paralelas al eje.

11 Mete un trozo grande de masilla adhesiva dentro de uno de los tapones y pon otro tapón encima. Presiona para que queden pegados. Luego pasa el palillo por los dos trozos de pajita.

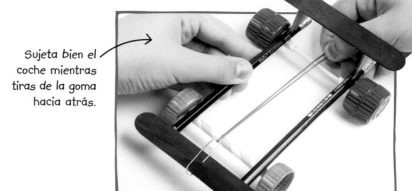

Sujeta bien el coche mientras tiras de la goma hacia atrás.

12 Encaja la segunda rueda trasera en el palillo y fíjala con cola. Mete masilla adhesiva en el tapón y coloca otro tapón pegado al primero.

13 Pasa una goma elástica larga y fina por un clip sujetapapeles. Fija el clip al palo delantero. Luego estira la goma hacia el eje trasero.

14 Enrolla la goma elástica varias veces alrededor del eje trasero de manera que quede sujeta y no se suelte. ¡No apoyes las ruedas mientras enrollas la goma!

Puedes pintar de negro las ruedas para que parezcan de caucho.

Decora tu bólido con pegatinas.

15 Para que el bólido salga disparado, colócalo en el suelo y tira de él hacia atrás. ¡Luego suéltalo y observa cómo acelera!

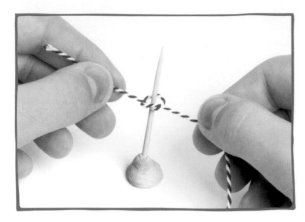

16 Para hacer las balizas de la pista, clava un palillo en un trozo grande de masilla adhesiva. Ata un extremo del hilo al palillo.

17 A partir del palillo, mide 1 m de hilo. Haz una marca con un bolígrafo o rotulador. Luego mide otros 50 cm, y otros 50 cm más. Los usarás para alargar la pista.

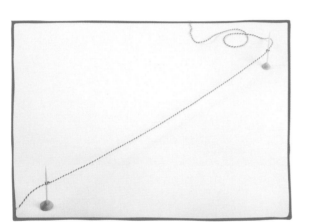

18 Clava otro palillo en un trozo de masilla y átale el hilo por la primera marca. La pista es el espacio que va de un palillo al otro.

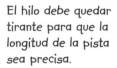

El hilo debe quedar tirante para que la longitud de la pista sea precisa.

19 Coloca el coche justo antes de la línea de salida y tira de él hacia atrás para accionarlo. Pon a cero el cronómetro. Puedes pedirle a un amigo que cronometre el tiempo.

20 Suelta el bólido y justo a la vez pon en marcha el cronómetro. Páralo en cuanto cruce la meta.

Distancia = Velocidad x Tiempo

Si tienes dos de estas medidas, puedes usar estas operaciones para calcular la tercera.

Velocidad = $\dfrac{\text{Distancia}}{\text{Tiempo}}$ Tiempo = $\dfrac{\text{Distancia}}{\text{Velocidad}}$

21 Calcula la velocidad de tu bólido dividiendo la distancia que ha recorrido entre el tiempo que ha tardado en hacerlo. Si el bólido recorre 60 cm en 3 segundos, es que circula a 20 cm por segundo.

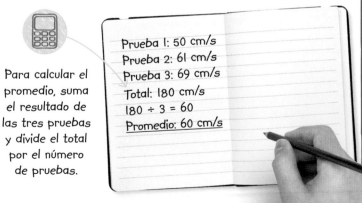

Para calcular el promedio, suma el resultado de las tres pruebas y divide el total por el número de pruebas.

Prueba 1: 50 cm/s
Prueba 2: 61 cm/s
Prueba 3: 69 cm/s
Total: 180 cm/s
180 ÷ 3 = 60
Promedio: 60 cm/s

22 Para obtener una medición fiable de la velocidad de tu bólido, debes cronometrar varias pruebas y sacar el promedio.

AJUSTA LAS VARIABLES

Para saber más sobre el rendimiento de tu bólido, prueba a cambiar un único elemento (una variable) de la prueba, dejando el resto igual. ¿Qué sucede entonces con los resultados?

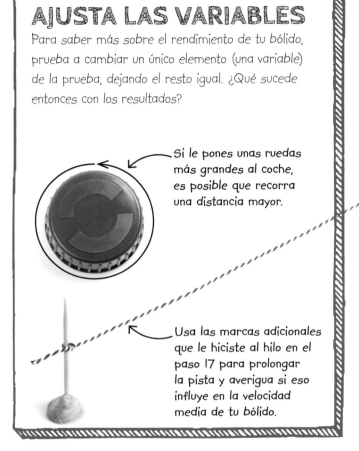

Si le pones unas ruedas más grandes al coche, es posible que recorra una distancia mayor.

Usa las marcas adicionales que le hiciste al hilo en el paso 17 para prolongar la pista y averigua si eso influye en la velocidad media de tu bólido.

MATEMÁTICAS DEL MUNDO REAL
USO DE LOS PROMEDIOS PARA MEJORAR

Si solo mides algo una vez, es posible que obtengas un resultado inesperado o improbable. Con un promedio, puedes confiar en que la medición es precisa y fiable. Los ingenieros de Fórmula 1 utilizan el promedio de varias pruebas cronometradas para decidir los ajustes y las mejoras que deben realizar a fin de mejorar el rendimiento de su equipo.

Una pulsera de la amistad hay que llevarla hasta que se rompa.

TRENZADOS GENIALES

PULSERAS DE LA AMISTAD

Demuestra a tus mejores amigos lo mucho que te importan haciéndoles una pulsera de la amistad. Puede ser de dos colores o multicolor, como quieras. Para hacerla puedes poner en práctica tus conocimientos matemáticos, dividir un círculo en ocho partes iguales y fabricar un telar, o limitarte a entrelazar las hebras a mano alzada. Escojas lo que escojas, tus amigos harán cola para pedirte más.

¿Por qué no haces una pulsera bicolor el doble de larga que dé dos vueltas?

Haz pulseras para tus amigos con sus colores favoritos.

CÓMO HACER
PULSERAS DE LA AMISTAD

Prueba a hacer dos pulseras distintas. Para la primera usarás un disco de cartón que te ayudará a entrelazar las lanas; la pulsera de rayas de caramelo, en cambio, se teje haciendo nudos. El disco permite tejer distintos diseños, pero el sistema de los nudos es más sencillo.

MATEMÁTICAS QUE VAS A USAR

• CIRCUNFERENCIA, para calcular la longitud mínima que debe tener la pulsera.
• ÁNGULOS, para dividir un círculo en partes iguales y fabricar un telar de cartón.
• LÍNEAS VERTICALES, HORIZONTALES Y DIAGONALES, para marcar la posición de las ranuras en el disco.
• PATRONES Y SECUENCIAS, para crear bonitas pulseras.

Tiempo
120 minutos
por pulsera

Dificultad
Media

QUÉ NECESITAS

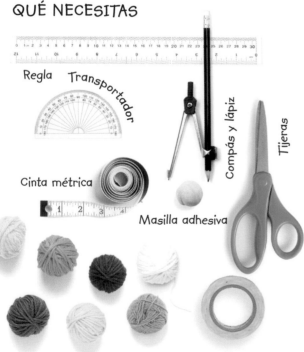

Regla

Transportador

Compás y lápiz

Tijeras

Cinta métrica

Masilla adhesiva

Lana o hilo de bordar
de distintos colores

Cinta
adhesiva

Cartón rígido

1. CON EL DISCO DE CARTÓN

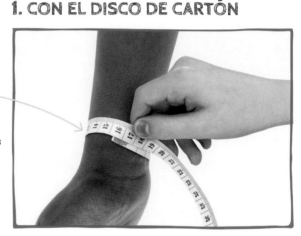

La circunferencia es
el perímetro de un
círculo o elipse.

1 Empieza por medirle la muñeca a tu amigo con una cinta métrica de costura. La pulsera de la amistad tendrá que ser un poco más larga que eso, para que puedas anudar los extremos.

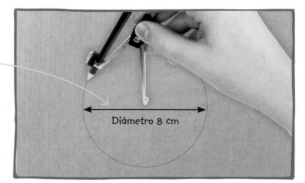

Diámetro 8 cm

El diámetro es una
línea recta que va
de un lado a otro
del círculo pasando
por su centro.

2 Abre el compás a 4 cm, inserta un lápiz y traza un círculo de un diámetro de 8 cm sobre un trozo de cartón rígido.

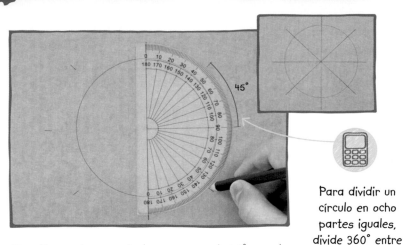

3 Con un transportador, marca cada 45° con el lápiz. Con la ayuda de una regla, traza líneas de cada marca al centro del círculo. Tendrás un círculo dividido en ocho segmentos del mismo tamaño.

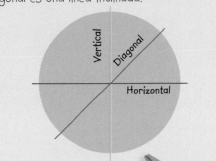

Para dividir un círculo en ocho partes iguales, divide 360° entre 8, lo que da 45°.

TIPOS DE LÍNEAS RECTAS

En matemáticas se usan distintos tipos de líneas rectas. Una línea vertical es una línea recta que va de arriba abajo, mientras que una horizontal va de lado a lado. Una línea diagonal es una línea inclinada.

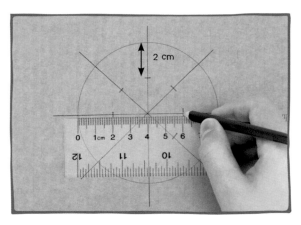

4 En cada una de las líneas, ya sea vertical, horizontal o diagonal, haz una marca con el lápiz a 2 cm del borde del círculo.

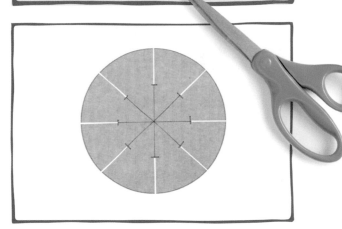

5 Recorta el círculo de cartón con las tijeras. Con cuidado, recorta las líneas desde el borde hasta la marca. Este círculo te servirá de telar.

Hemos decidido usar siete colores de lana distintos, pero puedes usar los que quieras.

6 Con cuidado, haz un agujero en el centro del círculo con la punta del lápiz; pon debajo un poco de masilla adhesiva para no dejar marca en la mesa. El agujero debe ser lo bastante grande para que quepan las lanas o los hilos de bordar.

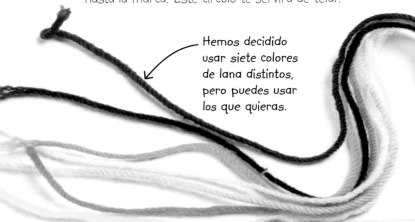

7 Escoge los siete colores de lana o de hilo de bordar que vas a utilizar. Con una cinta métrica, mide un trozo de unos 90 cm de largo de cada color y córtalo con las tijeras.

8 Junta todas las hebras de lana y anúdalas por un extremo. Luego mete los extremos sueltos por el agujero del disco de cartón.

Si usas distintos colores te será más fácil recordar qué hebra te toca usar cuando empieces a entretejer.

El nudo evita que las hebras se cuelen por el agujero del disco.

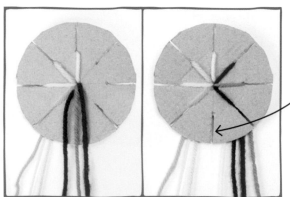
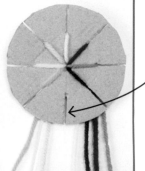

Deja la ranura de abajo vacía.

9 Dale la vuelta al disco de cartón de modo que el nudo quede en la parte de atrás y luego inserta cada lana en una ranura. Deja la ranura de abajo vacía. Ya puedes empezar a tejer la pulsera.

Gira el disco 135° en sentido contrario al de las agujas del reloj.

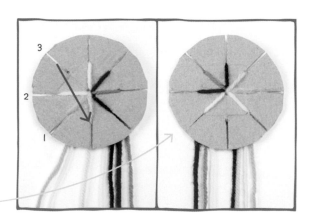

10 Cuenta desde la ranura vacía en el sentido de las agujas del reloj. Pasa la tercera hebra de lana por la ranura vacía. Gira el disco en sentido contrario al de las agujas del reloj, para que la ranura vacía quede abajo.

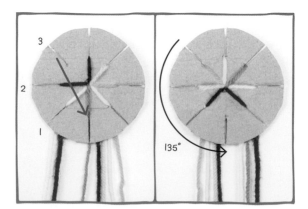

135°

11 Repite el paso 10: cuenta tres desde la ranura de abajo. Pasa la hebra por la ranura vacía. Gira de nuevo al revés que las agujas del reloj, para que la ranura vacía apunte hacia abajo.

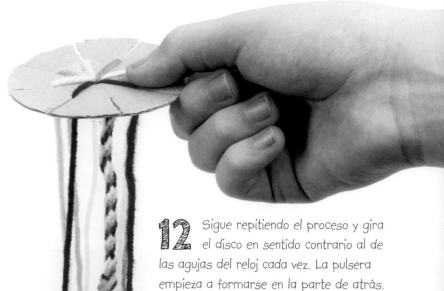

12 Sigue repitiendo el proceso y gira el disco en sentido contrario al de las agujas del reloj cada vez. La pulsera empieza a formarse en la parte de atrás.

13 Continúa hasta que las hebras entrelazadas sean lo bastante largas para la muñeca de tu amigo. Deja 2 cm de más para poder anudarla.

14 Saca las hebras del disco pasando la pulsera por el agujero. Haz un nudo en el extremo para que no se deshaga y corta la lana sobrante; deja un pequeño fleco después del nudo.

Deja unos 2 cm de lana después del nudo, para que no se deshaga.

15 Anuda la pulsera terminada alrededor de la muñeca de tu amigo como símbolo de vuestra amistad.

JUEGA CON LOS PATRONES

En cuanto domines bien la técnica de las pulseras, ¿por qué no vas un paso más allá y haces pulseras con motivos geométricos o secuencias de colores complejas? Busca las instrucciones en algún libro de la biblioteca o por internet.

¿Por qué no haces una pulsera que combine dos tonos del mismo color, como esta?

2. PULSERA DE RAYAS DE CARAMELO

Cuantas más hebras utilices, más ancha va a quedar la pulsera, pero tardarás más en hacerla.

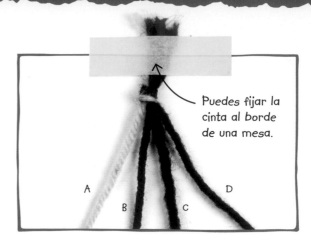

Puedes fijar la cinta al borde de una mesa.

1 Escoge los colores y el número de hebras que quieres usar. Aquí hemos usado cuatro hebras de colores. Corta un trozo de unos 90 cm de cada lana, alinéalas y anúdalas por uno de los extremos.

2 Sujeta las hebras a una superficie adecuada poniendo un trozo de cinta adhesiva por encima del nudo. Separa las hebras y colócalas en el orden que quieres que tengan en la pulsera.

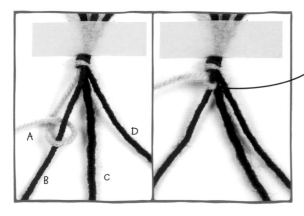

La primera línea inclinada de la pulsera será de color rosa pálido, o del color de la hebra A.

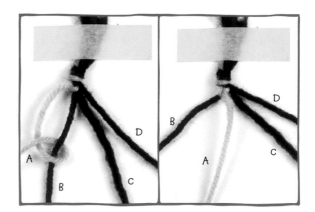

3 Agarra la hebra que queda más a la izquierda (A) y pásala por encima y por debajo de la hebra B, y luego entre la A y la B. Sujeta la hebra B, desliza el nudo hacia arriba y ajústalo.

4 Repite el paso 3 usando de nuevo la hebra A, de modo que se forme un doble nudo. Esta clase de nudo se llama nudo hacia delante. Al hacerlo cambiarás el orden de las hebras a B, A, C, D.

NUDO HACIA DELANTE

Para hacer un nudo hacia delante, toma la hebra A y pásala primero por encima y luego por debajo de la hebra B. Luego pasa la hebra A entre la A y la B. Sujeta la hebra B y aprieta el nudo. Repítelo para hacer un doble nudo.

Cada vez que hagas un nudo hacia delante, las hebras cambiarán de posición.

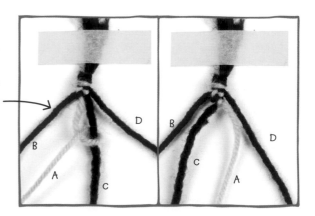

5 Repite los pasos 3 y 4, pero esta vez anuda dos veces la hebra A alrededor de la hebra C. El orden de las hebras pasará a ser B, C, A, D.

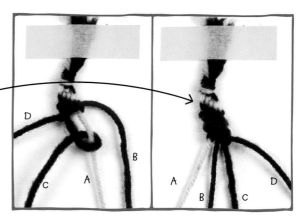

Cada vez que tejes una línea, añades una raya inclinada al diseño.

6 Sigue de nuevo los pasos 3 y 4, pero esta vez anuda la hebra A dos veces alrededor de la D. El orden será: B, C, D, A. Habrás completado una línea. Repite de nuevo el proceso empezando con la hebra B.

7 Cuando termines de entrelazar una línea con la hebra B, repítelo con la hebra C y luego con la D. Sigue trenzando hasta que el orden de las hebras vuelva a ser A, B, C, D, que era el orden inicial.

8 Repite los pasos 3-7, entrelazando la pulsera línea a línea. Sigue hasta que la pulsera tenga la longitud apropiada para la muñeca de tu amigo.

9 Anuda el extremo para que no se deshaga y corta el hilo sobrante. Deja 2 cm después del nudo. Anúdala alrededor de la muñeca de tu amigo.

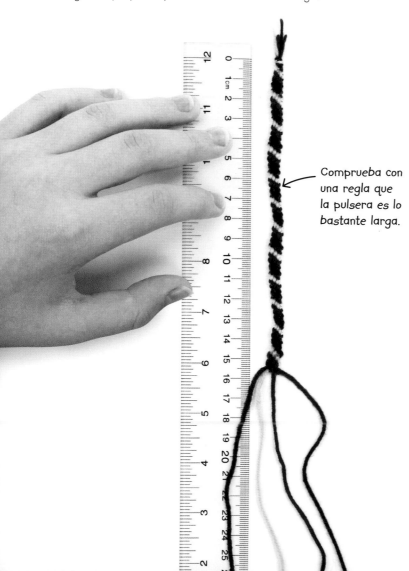

Comprueba con una regla que la pulsera es lo bastante larga.

MATEMÁTICAS DEL MUNDO REAL
TEJER EN UN TELAR

La técnica de tejer consiste en entrelazar dos grupos de hilos para confeccionar un tejido. Los telares como el de la fotografía pueden funcionar con centenares de hilos, por lo que pueden tejer a gran escala.

CÓCTELES DE FRUTAS

Si invitas a tus amigos, puedes prepararles unas *bebidas deliciosas*. ¡Experimenta con distintos ingredientes para conseguir sabores increíbles y un aspecto único! La clave de estas recetas está en la cantidad relativa de los distintos ingredientes, es decir, la proporción.

Las rodajas de fruta quedan muy bien como adorno.

Para que quede más original, sírvelo en un tarro de cristal.

Pide permiso para usar vasos bonitos.

MATEMÁTICAS QUE VAS A USAR

- PROPORCIONES, para un *buen color y sabor*.
- MEDICIONES de los ingredientes.
- CÁLCULOS, para saber las cantidades.
- DENSIDAD, para la bebida en capas.

CÓMO PREPARAR UN
CÓCTEL DE FRUTAS

Aquí tienes la receta de dos bebidas: un zumo dulce de melocotón y frambuesa y un batido en capas hecho con fresas, melocotones y kiwis. Puedes reemplazar cualquiera de los ingredientes por otra fruta, pero entonces puede que el contraste de colores no sea tan intenso.

Tiempo	Dificultad	Advertencia
60 minutos	Fácil	¡Cocción! Pídele a un adulto que te ayude.

QUÉ NECESITAS

Jarra de medición

250 g de azúcar

Jarra

500 g de kiwis, pelados

500 g de frambuesas

Batidora de jarra

Cubitos de hielo

500 g de fresas

1 kg de melocotones de lata escurridos

Cazo

3 limones

Tenedor

Espátula

Báscula de cocina

Tarros o vasos bonitos

Un mililitro de agua pesa un gramo.

1 Mezcla 250 g de azúcar con 250 ml de agua. El azúcar es sólido, así que medimos su peso, y el agua, líquida, así que medimos su volumen.

2 Vierte la mezcla en un cazo y caliéntala a fuego suave. Pídele a un adulto que te ayude con esto. En cuanto el azúcar se disuelva formando un almíbar, retira el cazo del fuego y déjalo enfriar.

3 Pesa 500 g de frambuesas y aplástalas con un tenedor hasta que se forme un puré. Haz lo mismo con el melocotón.

4 Exprime los limones en una jarra con el agua y los cubitos de hielo, y luego incorpora el puré de melocotón y de frambuesa, y el almíbar. Sírvelo en un vaso bonito (pide permiso) y decóralo con fruta.

¿Cómo cambia el sabor si modificamos la proporción de los ingredientes? ¿Qué ocurre si añadimos más azúcar o más zumo de limón?

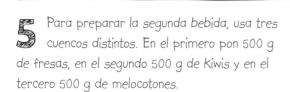

No añadas hielo al Kiwi.

Quita el tallo a las fresas antes de meterlas en la batidora.

5 Para preparar la segunda bebida, usa tres cuencos distintos. En el primero pon 500 g de fresas, en el segundo 500 g de Kiwis y en el tercero 500 g de melocotones.

6 Pídele a un adulto que te ayude a batir las frutas (por separado) en la batidora; a las fresas y a los melocotones, añádeles 50 g de hielo al batirlos.

Calcula la densidad de cada puré:

$$Densidad = \frac{Peso}{Volumen}$$

El volumen del puré de fresas es mayor que el volumen del puré de kiwis.

7 Vierte cada una de las frutas batidas en una jarra de medición y comprueba su volumen. Verás que cada una tiene un volumen distinto.

8 Pesa en la báscula cada uno de los purés para ver lo que pesan. Luego calcula la densidad de cada uno dividiendo el peso entre el volumen. Toma nota de cuál es más denso.

9 Vierte 75 ml de la mezcla más densa en el vaso, luego 50 ml de la segunda más densa y por último 25 ml de la mezcla menos densa.

Resta el volumen que debes verter del volumen total; sigue vertiendo hasta que quede dicha cantidad en la jarra de medición.

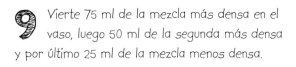

El puré de melocotón es menos denso que el de kiwi, así que quedará encima de este.

El puré de kiwi es el líquido más denso, así que hay que verterlo primero.

La proporción entre fresas, melocotones y kiwis es de 1:2:3. Hay el triple de kiwis que de fresas.

PROPORCIÓN

Podemos usar las proporciones para comparar el tamaño o cantidad de dos o más cosas distintas. La proporción se expresa poniendo dos puntos entre los números.

Kiwis   Frambuesas

2 : 3

Frambuesas   Rodajas de melocotón

3 : 4

Una parte de puré de fresa

Dos partes de puré de melocotón

Tres partes de puré de kiwi

CATERING PARA UNA FIESTA

En una fiesta tiene que haber para todo el mundo, así que cualquiera que organice un evento tiene que calcular para que nadie se quede sin. Para lograrlo puedes multiplicar la cantidad necesaria de cada ingrediente por el número de invitados.

10 Enseguida verás la proporción de los ingredientes por cómo se distribuyen las capas en el vaso o tarro. ¡Disfruta!

TRUFAS DE CHOCOLATE

¡Este proyecto es todo un reto, pero no por las matemáticas sino por tu capacidad de resistir la tentación! Estas deliciosas trufas van a triunfar. Si te resultan muy dulces o amargas, puedes modificar la proporción de chocolate con leche o chocolate negro.

¡No dejes las trufas abandonadas por ahí!

Con un pelador de patatas haz las virutas de chocolate.

CÓMO PREPARAR

TRUFAS DE CHOCOLATE

Estos deliciosos dulces son muy fáciles de hacer.
¡Pero tendrás que ensuciarte las manos! Hay que
fundir el chocolate a fuego lento, así que pide ayuda
a un adulto. Diviértete experimentando con distintos
sabores y coberturas.

MATEMÁTICAS QUE VAS A USAR
• MEDICIONES, al pesar los ingredientes.
• PORCENTAJES, para que no queden ni
demasiado dulces ni demasiado amargas.

Puedes usar chocolate
negro, chocolate con leche
o la mitad de cada; según
lo dulces que las quieras.

Tiempo
45 minutos,
más dos horas
en la nevera

Dificultad
Media

Advertencia
¡Se usa el fuego!
Pídele a un adulto
que te ayude

PARA 25 TRUFAS, NECESITAS

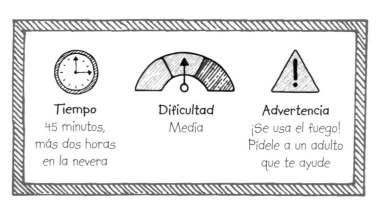

200 g de chocolate negro
o con leche, y un poco más
para las virutas

25 g de mantequilla
sin sal

150 ml de nata
líquida y una
jarra de medición

Pistachos
en virutas

Cacao
en polvo

Coco
rallado

(o virutas de otros sabores)

Extracto de vainilla,
o de naranja o menta

Cazo

Báscula de cocina   Cuenco para el horno

Pelador de patatas

Cucharilla

Espátula

1 Pesa el chocolate y la mantequilla en la báscula
de cocina. Vierte 150 ml de nata líquida en la
jarra de medición.

2 Parte el chocolate en trocitos y mételos en un
cuenco termorresistente. Cuanto más pequeños
sean los trozos, más rápido se fundirán.

Pide a un adulto que te ayude con este paso.

3 Mete la nata líquida y la mantequilla en un cazo y caliéntalo a fuego lento hasta que se derrita la mantequilla y la mezcla esté a punto de hervir.

4 Vierte esta mezcla en el cuenco del chocolate. Con una espátula, mézclalo bien hasta que todo el chocolate se haya fundido.

Espolvoréate las manos con cacao en polvo para que te sea más fácil darles forma.

5 Si quieres que tengan más sabor, añade unas gotitas de extracto de vainilla, naranja o menta. Mete la mezcla en la nevera para que se enfríe.

6 Pasadas unas dos horas, saca la mezcla de la nevera. Con una cucharilla, separa 25 montones de chocolate y haz una bola con cada uno de ellos. Si quieres que sean todas iguales, puedes pesarlas.

Si haces cinco trufas con virutas de pistacho, el 20% del lote será verde.

7 Decide cuántas quieres recubrir de coco, de cacao en polvo o frutos secos. Extiende la cobertura y reboza las bolas. Reserva unas cuantas para cubrirlas con fideos de chocolate.

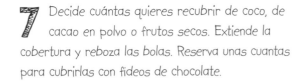

Te será más fácil cortar las virutas si usas chocolate de la nevera.

8 Para hacer los fideos de chocolate, corta las onzas de chocolate con un pelador de patatas.

9 Reboza las trufas restantes en los fideos hasta que queden bien recubiertas. Guarda las trufas en la nevera hasta que quieras comerlas. Si quieres regalárselas a alguien, en las páginas 114-117 encontrarás cómo confeccionar una caja para bombones.

¿DULCE O AMARGO?

Puedes hacer que las trufas sean más dulces añadiéndoles una proporción mayor de chocolate con leche, o más amargas si les añades una proporción menor de chocolate con leche. Los porcentajes permiten comparar y medir cantidades representándolas como partes de 100. Para saber qué porcentaje de un número es otro número, divide el número más bajo entre el número más alto y multiplica el resultado por 100.

CHOCOLATE NECESARIO PARA LA RECETA = 20 onzas

NEGRO = 8 onzas

Cantidad a calcular como porcentaje.

LECHE = 12 onzas

100% = 20 onzas

Cantidad total de cualquier cosa.

Nuestra cantidad total son 20 onzas.

$$\frac{8}{20} = 0{,}4 \times 100 = \textbf{40\%}$$

Cantidad total de chocolate.

Porcentaje de chocolate negro.

$$\frac{12}{20} = 0{,}6 \times 100 = \textbf{60\%}$$

Porcentaje de chocolate con leche.

DIVERSIÓN TRIDIMENSIONAL
CAJA DE BOMBONES

Si has logrado no comerte todas las trufas de las páginas 110-113, piensa que pueden ser un regalo perfecto para un amigo o un familiar. Para que queden todavía mejor, confecciona una caja de bombones personalizada. Para ello, primero tendrás que construir una malla, que es un boceto en 2D de una figura en 3D.

Pega dos cartulinas para que la caja sea de un color por dentro y de otro por fuera.

MATEMÁTICAS QUE VAS A USAR
- MALLAS, para pasar de 2D a 3D.
- DIÁMETRO, para calcular un círculo.
- ÁREA, para calcular el tamaño de una figura.
- DIVISIONES, para hacer la caja.

CÓMO HACER UNA
CAJA DE BOMBONES

Lo primero que tienes que hacer es medir los dulces que vas a meter en la caja. Luego debes decidir cómo quieres distribuirlos. Las instrucciones que encontrarás aquí son para meter dos capas de trufas separadas con unos simples separadores.

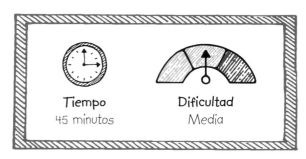

Tiempo
45 minutos

Dificultad
Media

QUÉ NECESITAS

Pegamento

Lápiz

Rotulador permanente

Bombones para llenar la caja
(por ej. las trufas de las páginas 110-113)

Tijeras   **Cinta**

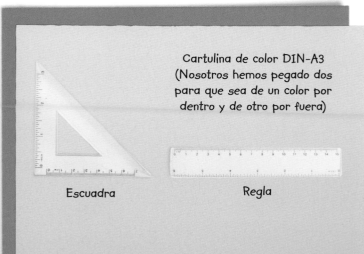

Cartulina de color DIN-A3
(Nosotros hemos pegado dos para que sea de un color por dentro y de otro por fuera)

Escuadra   **Regla**

MALLAS Y FIGURAS EN 3D

Imagina que extiendes una figura en 3D sobre una superficie plana. El resultado es una malla y permite crear objetos en 3D con figuras 2D.

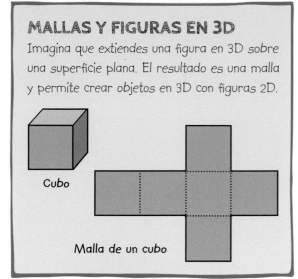

Cubo

Malla de un cubo

1 Piensa qué tamaño y cuántos separadores debe tener la caja. Para ello, mide el ancho del dulce más grande. Nosotros vamos a usar las trufas de las páginas 110-113, que miden 3 cm de ancho.

2 Decide cómo vas a colocar los bombones. Nosotros hemos escogido una cuadrícula de 2 x 4. En la caja caben un total de 16 trufas distribuidas en dos pisos.

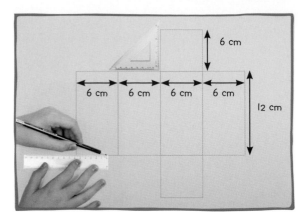

3 Con un lápiz, una regla y una escuadra, mide y dibuja la malla de la caja en una cartulina. Nuestra figura es un rectángulo que mide el doble de largo que de ancho.

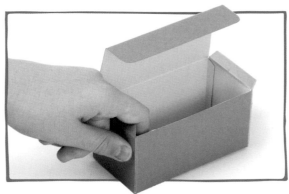

Puedes usar una moneda pequeña para redondear las esquinas de la solapa.

4 Añade pestañas para encajar los lados, y una solapa grande (A) a la tapa. Repasa el contorno con un rotulador. Esta es la línea que recortarás. Las líneas a lápiz es por donde doblarás.

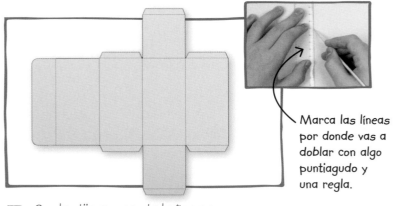

Marca las líneas por donde vas a doblar con algo puntiagudo y una regla.

5 Con las tijeras, recorta la figura por la línea hecha con el rotulador. Marca las líneas a lápiz con algo con punta (pero no afilado) y una regla.

6 Dobla por las líneas y pon pegamento en las cuatro pestañas laterales del cuerpo de la caja. No pongas pegamento en las otras tres pestañas. Dobla los laterales de la caja y pega las pestañas.

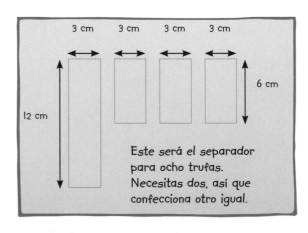

Este será el separador para ocho trufas. Necesitas dos, así que confecciona otro igual.

7 Haz los separadores. Dibuja un separador que mida el largo de la caja y la mitad de su altura. Haz otros tres separadores más cortos, que midan el ancho de la caja.

Para que los cortes queden a la misma distancia, divide el largo entre cuatro y marca esa distancia con la regla.

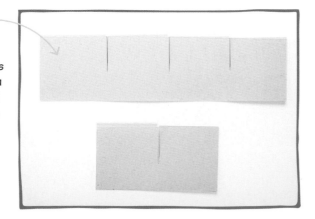

8 Con las tijeras, recorta los separadores. Haz un corte hasta la mitad en el centro de cada separador corto. Haz tres cortes equidistantes en el separador largo.

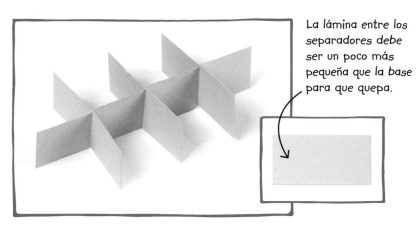

La lámina entre los separadores debe ser un poco más pequeña que la base para que quepa.

9 Encaja las cuatro piezas de cartulina de modo que queden perpendiculares. Recorta un trozo de cartulina que sea igual que la base de la caja para separar los dos niveles.

10 Los dos separadores y la lámina separadora deben quedar así cuando las montes, y la pieza resultante debe encajar fácilmente en la caja.

En cada compartimento debe caber una trufa.

11 Coloca el separador inferior en la caja y mete las trufas. Luego pon la lámina separadora y el separador superior.

No pongas pegamento en la solapa de la tapa; la cinta se encargará de sujetarla.

12 Ata la caja con una cinta de un color vivo. Puedes decorarla con alguna pegatina.

BANDEJA DE PALOMITAS

Si vas a celebrar algún mercadillo benéfico o alguna fiesta escolar, ¿por qué no preparas una bandeja de deliciosas palomitas para recaudar fondos? O convierte una noche de cine con tus amigos en una velada especial llevando unos cuantos conos de palomitas. ¡Decidas lo que decidas, con este divertido proyecto aprenderás a diseñar una bandeja en 3D, a confeccionar conos y a calcular el precio de las palomitas para obtener un apetitoso beneficio!

MATEMÁTICAS QUE VAS A USAR
• RADIOS Y DIÁMETROS, para trazar los agujeros del tamaño apropiado para los conos.
• CÁLCULOS, para saber lo que cuesta hacer cada cono y el precio al que debes venderlos para obtener beneficio.

Llena los conos de palomitas dulces, saladas o caramelizadas. ¿Cuáles prefieres?

Gracias a la cinta, tendrás las manos libres para atender a tus clientes.

PALOM

CÓMO HACER UNA
BANDEJA DE PALOMITAS

El secreto de este proyecto está en hacer los conos antes que la bandeja. ¡De lo contrario podrían ser demasiado grandes y no caber! En nuestra bandeja caben 12 conos.

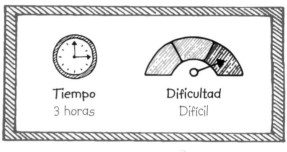

Tiempo
3 horas

Dificultad
Difícil

QUÉ NECESITAS

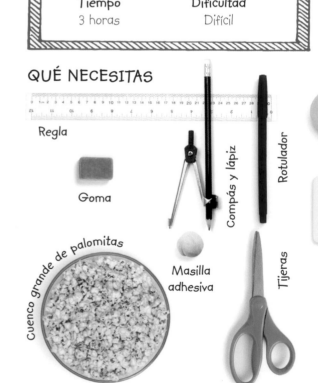

Regla

Goma

Cuenco grande de palomitas

Compás y lápiz

Masilla adhesiva

Rotulador

Tijeras

Cola blanca

Cinta adhesiva

cartulina gruesa DIN-A2 (420 x 594 mm)

Hojas de papel DIN-A4, blancas o de color

200 cm de cinta roja

Puedes hacer conos de distintos colores. Nosotros hemos usado ocho hojas rojas y cuatro blancas.

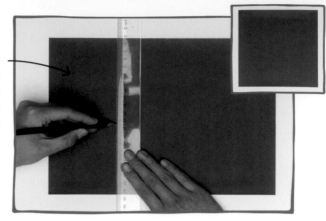

1 Para hacer los conos, usa hojas de papel. Con la ayuda de un lápiz y una regla, traza un cuadrado de 21 x 21 cm en cada una de ellas. Recorta el cuadrado. En total debes hacer 12 cuadrados.

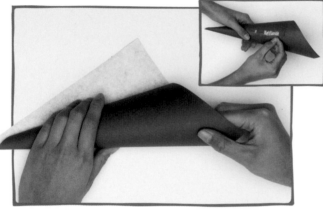

2 Gira el cuadrado 45°, de modo que parezca un rombo, y enróllalo empezando por una esquina hasta formar el cono. Para que no se deshaga, pégalo con cinta adhesiva. Haz 11 más.

Un cono es ancho por un extremo y se va estrechando hacia el extremo opuesto.

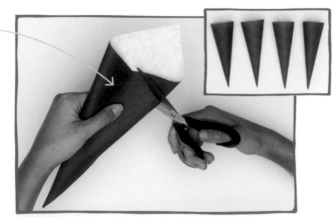

3 Con unas tijeras, corta la parte superior puntiaguda de los 12 conos. El borde de la parte abierta debe quedar nivelado.

CARACTERÍSTICAS DE UN CONO

Un cono es una figura en 3D con una cara circular y una superficie curva que se estrecha hasta un punto llamado vértice.

Cara circular

Superficie curva

Vértice

El diámetro de un cono es mayor en la parte abierta y va disminuyendo a medida que se acerca al vértice.

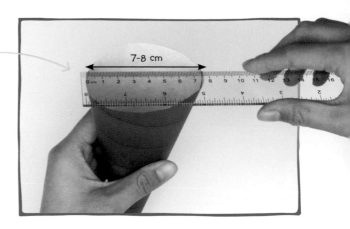

7-8 cm

4 Comprueba que los 12 conos tengan más o menos el mismo diámetro, unos 7-8 cm en la parte superior. Así en todos cabrá la misma cantidad de palomitas. Deja los conos a un lado.

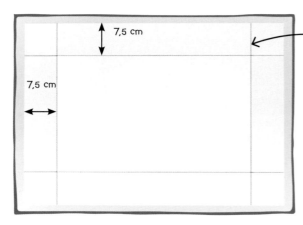

7,5 cm

7,5 cm

Estas líneas indican por dónde tendrás que doblar cuando montes la bandeja.

5 Para confeccionar la bandeja, dale la vuelta a la cartulina gruesa tamaño DIN-A2 y traza una línea a 7,5 cm de cada uno de los márgenes.

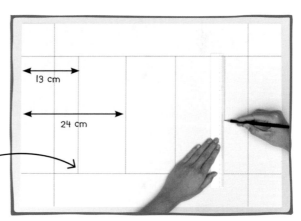

13 cm

24 cm

Traza las líneas verticales entre las líneas horizontales superior e inferior.

6 Traza dos líneas verticales, a 13 cm y a 24 cm del margen izquierdo. Traza otras dos desde el margen derecho. Tienes cuatro líneas más.

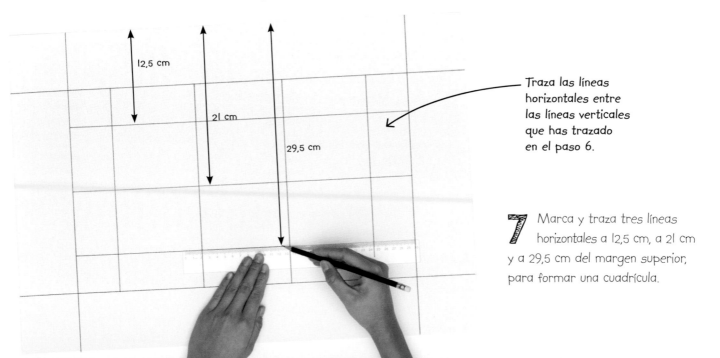

12,5 cm

21 cm

29,5 cm

Traza las líneas horizontales entre las líneas verticales que has trazado en el paso 6.

7 Marca y traza tres líneas horizontales a 12,5 cm, a 21 cm y a 29,5 cm del margen superior, para formar una cuadrícula.

8 En las esquinas superiores, haz una marca con el lápiz en el margen a 1 cm por encima de la línea horizontal. Luego traza una línea en diagonal que una esta marca con el punto donde se juntan la línea horizontal y la vertical. Haz lo mismo en las esquinas inferiores, pero aquí haz la marca por debajo de la línea horizontal. Serán las pestañas que tendrás que pegar.

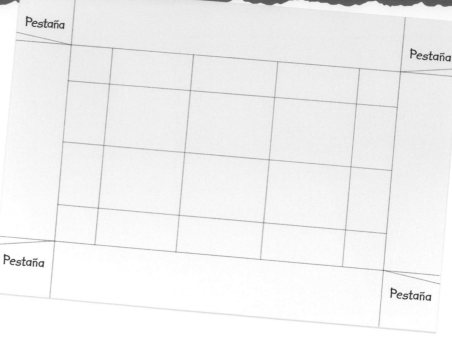

Pestaña

Pestaña

1 cm →

Pestaña

Pestaña

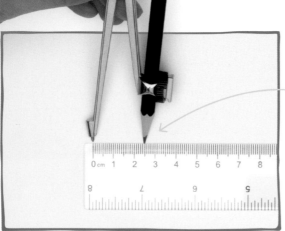

Un círculo con un radio de 2,5 cm tiene un diámetro de 5 cm.

9 Para hacer los agujeros donde encajarás los conos, abre el compás 2,5 cm. El diámetro de la parte más ancha del cono mide 8 cm. ¡No hagas los agujeros muy grandes, o los conos se colarán por ellos!

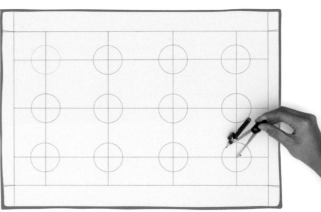

10 Pon la punta del compás en la intersección de una línea horizontal y otra vertical, y haz un círculo. Haz lo mismo en cada intersección. Debes dibujar 12 círculos del mismo tamaño.

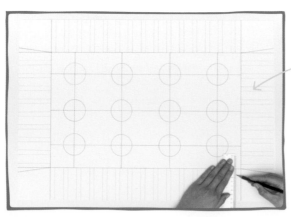

Cuando montes la malla de la bandeja formando una figura en 3D, las rayas quedarán en la parte de fuera.

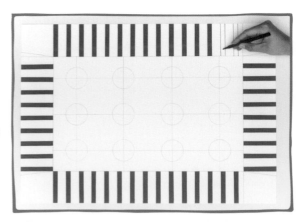

11 Decora el exterior de la caja con rayas. Con la regla y el lápiz, traza líneas verticales de 1 cm de ancho; deja 2 cm entre ellas.

12 Con cuidado, colorea las rayas con un rotulador rojo o del color que quieras.

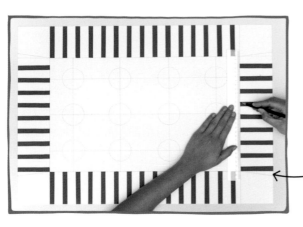

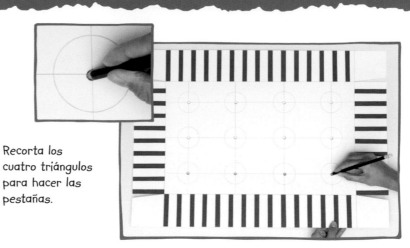

Recorta los cuatro triángulos para hacer las pestañas.

13 Marca las cuatro líneas que vas a doblar con un lápiz y una regla. Con las tijeras, recorta los triangulitos de las esquinas.

14 Haz un agujero en el centro de cada círculo: pon un trozo de masilla adhesiva debajo y clava el lápiz.

La línea que rodea el exterior de un círculo se llama circunferencia.

Las pestañas deben quedar en el interior.

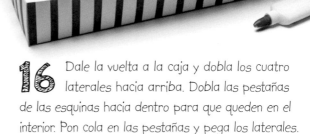

15 Mete las tijeras por uno de los orificios y corta por las líneas que cruzan el círculo. Recorta alrededor de la circunferencia. Haz lo mismo con el resto de los círculos. Borra los trazos de lápiz.

16 Dale la vuelta a la caja y dobla los cuatro laterales hacia arriba. Dobla las pestañas de las esquinas hacia dentro para que queden en el interior. Pon cola en las pestañas y pega los laterales.

18 Dale la vuelta a la bandeja para que los agujeros queden en la parte superior. Pon cola en el dorso del letrero y pégalo en uno de los laterales largos. Presiónalo y deja que se seque.

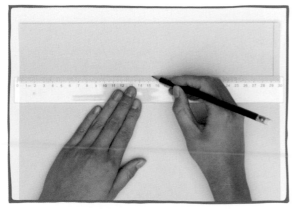

17 Haz un letrero para la bandeja. Dibuja un rectángulo de 6 x 29 cm en un trozo de cartulina. Escribe «Palomitas» y recórtalo.

PALOMITAS

19 Corta dos trozos de cinta de 100 cm de largo. Dale la vuelta a la bandeja. Haz una marca por dentro a 13,5 cm de la parte delantera. Pega el extremo de una cinta en la marca. Haz lo mismo con la otra cinta en el lado contrario.

20 Dale la vuelta a la bandeja una vez más y sostenla delante de ti. Pídele a alguien que te ate las dos cintas detrás del cuello. Pon los 12 conos vacíos en los agujeros de la bandeja. Llena un cuenco de palomitas y luego llena hasta arriba los conos. ¡Ya puedes empezar a vender las palomitas!

Aquí puedes poner una etiqueta con el precio.

MATEMÁTICAS DEL MUNDO REAL
PRECIO EN LA TIENDA

Las tiendas calculan los precios teniendo en cuenta no solo el coste de los productos, sino también del transporte, el sueldo de los empleados y el alquiler. Pero si el precio es demasiado alto, nadie comprará los productos, así que hay que calcularlo con cuidado.

PON PRECIO A TUS PALOMITAS

Si quieres vender palomitas, primero tendrás que calcular el precio de cada cono. Para ello debes tener en cuenta el precio de coste de las palomitas, y lo que te cuesta confeccionar los conos y la bandeja. Tienes que cubrir gastos, pero sin encarecer demasiado el producto. Añade algo a los gastos globales para ganar un poco con la venta. Cuando hayas decidido lo que cuestan, haz una etiqueta con el precio y pégala a la bandeja.

ARTÍCULO	COSTE	NÚMERO	COSTE TOTAL
Palomitas	1,52 €	1	1,52 €
Cono	0,10 €	12	1,20 €
Bandeja	4,00 €	1	4,00 €
		COSTE GLOBAL	6,72 €
		COSTE POR CONO (COSTE GLOBAL DIVIDIDO ENTRE 12)	0,56 €

$$25 \div 100 = 0,25$$

Coste por cono

$$0,25 \times 56 \text{ cts}$$

$$= 14 \text{ cts}$$

El 25% de 0,56 cts son 14 cts

1 Anota en un papel el precio de coste de las palomitas, la hoja para hacer el cono y los materiales de la bandeja. Suma el total (multiplica el coste del papel por 12) para calcular los gastos globales. Divídelo entre el número de conos para calcular el coste de un cono. Ahora ya sabes el precio mínimo que debes cobrar por un cono para recuperar lo invertido.

2 Para obtener beneficio, tendrás que pedir un poco más por cada cono. Para calcular cómo obtener un 25 por ciento de beneficio, divide 25 entre 100 y multiplica el resultado por el coste del cono. El 25 por ciento de beneficio de un cono es 0,14 euros. Para incrementar el beneficio, tendrás que usar un porcentaje mayor.

25 % DE BENEFICIO POR CONO	0,14 cts	INGRESOS TOTALES	8,40 €
COSTE POR CONO	0,56 cts	COSTE TOTAL	6,72 €
PRECIO POR CONO (COSTE + BENEFICIO)	0,70 cts	BENEFICIO TOTAL (INGRESOS – COSTE)	1,68 €

70 CTS UNIDAD

PALOMITAS

3 Si cada cono cuesta 0,56 euros y quieres obtener un beneficio de 0,14 euros, tienes que cobrar el cono a 0,70. Si vendes 12 conos a 0,70 cts, tendrás unos ingresos de 8,40 euros. Para calcular los beneficios, resta los gastos totales, o sea 6,72 euros, a dicha cifra, lo que da un beneficio de 1,68 euros.

4 Cuando tengas claro el precio que vas a pedir por las palomitas, prepara una etiqueta de 8 cm de diámetro con un trozo de cartulina. Anota el precio por cono con un rotulador, para que resalte. Luego pega la etiqueta con el precio en la parte delantera de la bandeja.

Usa envoltorios
de caramelos
para dar un
toque de color a
tus sombras.

DISTANCIA Y DEFINICIÓN
SOMBRAS CHINESCAS

¿Qué historias contarías si tuvieras un teatro de sombras chinescas?
Con un poco de cartulina, unos encuadernadores, unos palillos de bambú
y una fuente de luz puedes transformar tus paredes en un escenario para
tus obras. Y jugando con la distancia entre las marionetas y la luz, podrás
hacer que los actores de cartón sean pequeños o enormes.

CÓMO HACER UNA
SOMBRA CHINESCA

Una de las ventajas del teatro de sombras chinescas es que puede hacerse casi en cualquier sitio. Todo lo que necesitas es una simple pared y algo de luz. Si te cuesta dibujar la marioneta, no te preocupes. Siempre puedes usar una plantilla. Hay miles en internet.

MATEMÁTICAS QUE VAS A USAR

- MEDICIONES, para trazar la plantilla perfecta.
- DUPLICAR Y REDUCIR A LA MITAD, para disminuir o dar mayor nitidez a la sombra.

Si la marioneta no te queda bien a la primera, bórrala e inténtalo de nuevo. O haz una foto de esta imagen y úsala como plantilla.

1 Con el lápiz, dibuja la marioneta en un trozo de cartulina negra. Si vas a usar este dragón, dibuja las alas por un lado y el cuerpo por otro.

Tiempo
60 minutos

Dificultad
Media

QUÉ NECESITAS

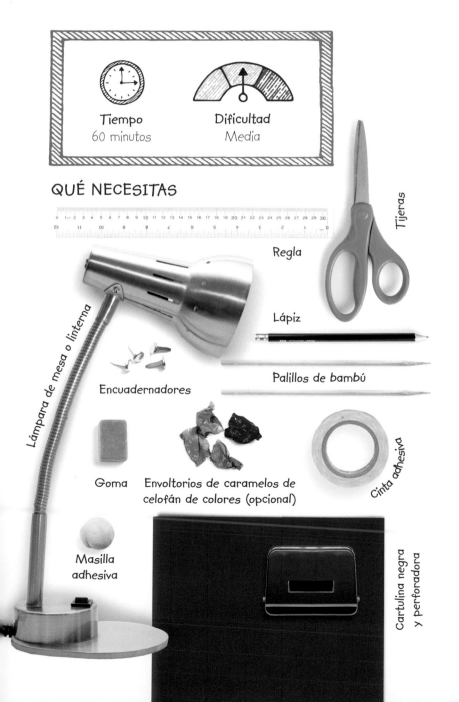

Tijeras

Regla

Lápiz

Palillos de bambú

Cinta adhesiva

Lámpara de mesa o linterna

Encuadernadores

Goma

Envoltorios de caramelos de celofán de colores (opcional)

Masilla adhesiva

Cartulina negra y perforadora

2 Cuando hayas dibujado la figura, recorta con las tijeras el cuerpo principal y las piezas que van separadas, como las alas.

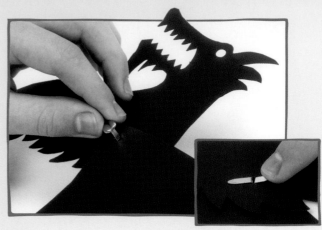

Con la perforadora, haz los círculos de los ojos.

3 Decide dónde irá la parte articulada, y marca el lugar tanto en el cuerpo como en las alas. Pon un trozo de masilla adhesiva debajo de la cartulina y agujerea por las marcas con el lápiz.

4 Coloca el agujero de las alas sobre el del cuerpo y sujeta las dos piezas con un encuadernador.

Haz una llama con un envoltorio rojo de caramelo y pégala en la parte de atrás del dragón. También puedes dar un toque de color a las alas.

5 Pega con cinta adhesiva dos palillos de bambú en la parte posterior de la marioneta, uno en el cuerpo y otro en las alas. Deben sobresalir para que puedas sujetarlos. Tu marioneta chinesca está lista para actuar.

6 Dirige el haz de luz hacia un trozo de pared despejada (o hacia una sábana blanca o una cartulina). Enciende la lámpara y pon la marioneta entre la fuente de luz y la pared.

La lámpara proyecta una sombra grande; si quieres un rayo más concentrado, puedes usar una linterna.

Para mover las alas mueve los palillos arriba y abajo.

1 Aumenta la distancia entre la lámpara y la marioneta (A). ¿Qué efecto tiene sobre la altura de la sombra (B)? ¿Y sobre su nitidez?

2 Ahora reduce la distancia entre la lámpara y la marioneta. ¿Cambia la altura de la sombra (B)? ¿Hace que la sombra sea más intensa o la hace más nítida?

A LO GRANDE

Jugar con el tamaño de las sombras chinescas es divertido. Experimenta con distintas distancias respecto a la fuente de luz: empieza cerca de la lámpara y luego ve alejando la marioneta de ella poco a poco. Anota lo que descubras. ¿Qué diferencia de tamaño hay entre la sombra y la marioneta? ¿Cuál es la sombra más grande que puedes proyectar? ¿Ves cómo aumenta la nitidez cuando la sombra es más pequeña? Prueba con sombras chinescas más complejas y observa lo que ocurre.

Distancia entre lámpara y marioneta (A):	Altura de la sombra (B):
20 cm	40 cm
30 cm	30 cm
40 cm	20 cm

3 Anota tus hallazgos en una tabla. ¿Qué relación ves entre el tamaño de la sombra y la distancia desde la lámpara? ¿Crece y se encoge de forma proporcional?

MATEMÁTICAS DEL MUNDO REAL
SOMBRAS CHINESCAS DE INDONESIA

En Indonesia, las marionetas de sombras chinescas son un arte milenario. Estos espectáculos de marionetas suelen utilizarse para celebrar ocasiones especiales, como los cumpleaños o las bodas. Los marionetistas indonesios manejan con gran habilidad sus creaciones; usan varillas de distintos tamaños para crear grandes sombras y espectaculares efectos.

¿ERES AFORTUNADO?

RULETA DE LA SUERTE

¿Eres afortunado? ¡Tendrás que serlo con este juego! Escoge una gominola del tarro y haz girar la ruleta. Si el color de la ruleta y el de la gominola coinciden, podrás comértela. Puedes calcular lo previsible que es que algo ocurra con la probabilidad matemática.

Si la rueda se detiene en el color de la gominola que has elegido, ¡podrás comértela! ¿Qué probabilidades hay de que eso ocurra?

CÓMO JUGAR A LA
RULETA DE LA SUERTE

Este proyecto es fácil de hacer, pero tendrás un juego con el que jugar una y otra vez. No uses gominolas de muchos colores, pues la ruleta debe incluirlos todos. Aquí hemos usado seis colores.

Tiempo	Dificultad
30 minutos	Fácil

QUÉ NECESITAS

Regla

Transportador

Muchas gominolas

Compás y lápiz

Pegamento

Lápiz corto

Masilla adhesiva

Tijeras

Pincel

Tarro vacío

Pinturas o lápices de colores

Báscula de cocina

Calculadora

Cartulina rígida

Papel blanco

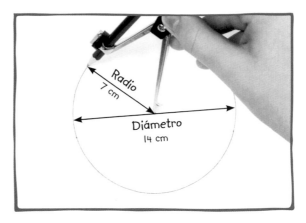

Radio
7 cm

Diámetro
14 cm

1 Abre el compás 7 cm y dibuja un círculo de 14 cm de diámetro en un papel blanco. Señala el centro del círculo.

Un círculo completo tiene 360°, así que para dividirlo en seis segmentos, cada uno de ellos debe ser de 60°.

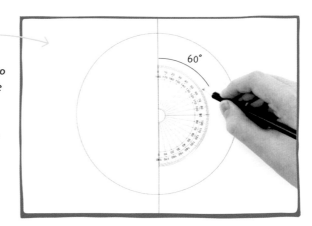

60°

2 Divide el círculo de manera que tengas un segmento para cada color. Haz una línea que atraviese el círculo y luego coloca el transportador sobre el centro de la línea y mide los segmentos.

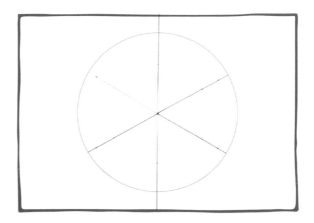

3 Con una regla, traza líneas desde los ángulos que has marcado hasta el centro del círculo. Ya tienes la «tarta» con seis porciones iguales.

4 Pega el papel con el círculo en una cartulina rígida y luego, con cuidado, recorta el círculo por la línea exterior.

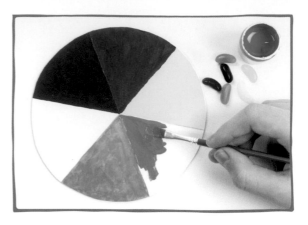

5 Colorea cada segmento de uno de los colores de las gominolas seleccionadas. Puedes usar pintura, lápices de colores o rotuladores.

6 Coloca un trozo de masilla adhesiva debajo del centro del círculo y atraviésalo con un lápiz corto.

Intenta no comerte todas las gominolas antes de meterlas en el tarro.

PROBABILIDAD

Puedes usar la probabilidad para calcular las opciones de que algo ocurra. La probabilidad suele representarse en forma de fracción.

Aquí, la probabilidad de que salga verde es de una entre seis, o ⅙.

Aquí, la probabilidad de que salga verde es de una entre dos, o ½.

7 Toma una gominola del tarro y haz girar la ruleta. Si el color que queda apoyado en la mesa al detenerse es el de la gominola, ¡puedes comértela! Si no, vuelve a meter la gominola en el tarro.

La probabilidad de que la ruleta se detenga en el naranja es de 1/6.

MOSTRAR LA PROBABILIDAD

Si no hubiera ninguna gominola verde en el tarro, habría cero probabilidades de sacar una, mientras que si solo hubiera gominolas verdes, habría una probabilidad sobre una. En caso de que hubiera varias gominolas verdes, la probabilidad de sacar una sería de entre cero y una. Para representar la probabilidad puedes usar fracciones, decimales y porcentajes.

DECIMALES

$$\frac{1}{5} = 1 \div 5 = 0{,}2$$

Si tomaras una de estas cinco gominolas al azar, tendrías una probabilidad entre cinco de sacar la roja, es decir, una probabilidad de 1/5. Para pasarlo a decimales, divide el número de arriba de la fracción por el número de abajo.

PORCENTAJES

$$\frac{2}{5} = 2 \div 5 = 0{,}4$$
$$\times 100 = 40\%$$

En este ejemplo, la probabilidad de sacar una gominola roja sería de dos entre cinco. Para pasar la fracción a porcentaje, primero debes pasarla a decimal y luego multiplicar por 100.

¿CUÁNTAS GOMINOLAS HAY EN EL TARRO?

¿Qué tal si retas a tus amigos y les pides que adivinen cuántas gominolas hay en el tarro? Con la ayuda de las matemáticas, podrás demostrarles si se han acercado o no a la respuesta correcta. Puedes calcular el número de gominolas averiguando lo que pesa una y dividiendo esa cifra por el peso total de las gominolas.

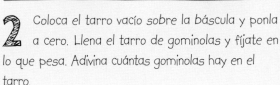

2 Coloca el tarro vacío sobre la báscula y ponla a cero. Llena el tarro de gominolas y fíjate en lo que pesa. Adivina cuántas gominolas hay en el tarro.

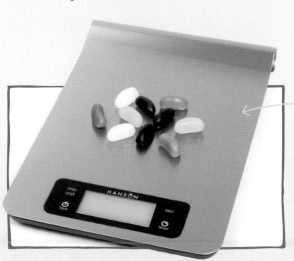

Para que te sea más fácil saber el peso, da por hecho que las 10 gominolas pesan lo mismo.

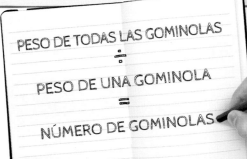

PESO DE TODAS LAS GOMINOLAS
÷
PESO DE UNA GOMINOLA
=
NÚMERO DE GOMINOLAS

1 Saca 10 gominolas y pésalas en la báscula. Divide el peso entre 10 para tener una estimación precisa de lo que pesa una gominola.

3 Divide lo que pesan todas las gominolas entre lo que pesa una sola para calcular cuántas hay en el tarro. ¿Cuánto te has acercado?

La pintura plateada hace que los toboganes parezcan de acero.

Hemos pintado las torres para que parezcan viejos conductos oxidados.

SUPERTOBOGANES
CIRCUITO DE CANICAS

Con unos tubos de cartón, cola y algo de paciencia puedes construir un circuito de canicas. ¡Incorpora algunos giros y recodos, y observa cómo descienden las canicas a toda velocidad!

Cuanto más pronunciada sea la pendiente, más rápido bajará la canica.

MATEMÁTICAS QUE VAS A USAR

• ÁNGULOS, para que las canicas desciendan libremente por el circuito.

• FIGURAS EN 3D, para construir el circuito.

• MEDICIONES, para calcular la altura de las torres, la longitud de los toboganes y el tiempo que tardan las canicas en completar el circuito.

CÓMO HACER UN
CIRCUITO DE CANICAS

El secreto para confeccionar este circuito está en tomarte tu tiempo: primero diséñalo y luego construyelo, como si fueras un ingeniero. Cuanto mejor encajes los tubos, más estable quedará el circuito y mejor será el resultado final.

Este circuito tiene cinco torres, pero puedes ponerle más si quieres.

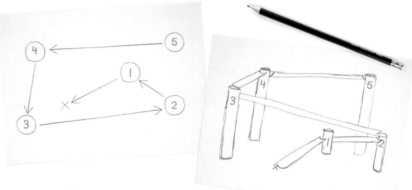

50 cm
40 cm
30 cm
20 cm
10 cm

1 Para empezar, apila los tubos de cartón y haz torres de distintas medidas. Luego ponlas en orden decreciente de altura a distintas distancias entre ellas, para crear pendientes inclinadas.

Tiempo
3 horas y el tiempo de secado de la cola y la pintura

Dificultad
Difícil

QUÉ NECESITAS

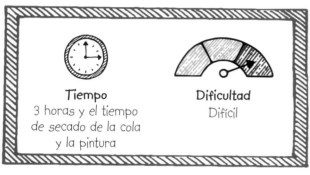

Regla

Pincel

Lápiz

Masilla adhesiva

Canicas

Un trozo de esponja vieja (opcional)

Cola blanca
(o una pistola de encolar, manejada por un adulto)

Las pinturas que escojas

Tubos de cartón de distintos largos

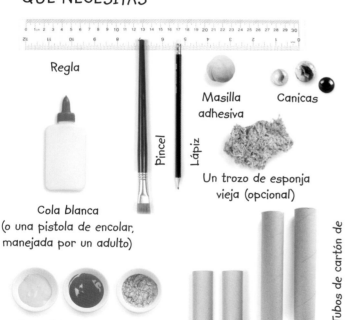

Papel blanco

Tijeras

Un trozo grande de cartón rígido y plano

2 Dibuja un plano alzado y un plano a vista de pájaro del circuito. No olvides marcar con una cruz el lugar donde quieres que termine el circuito. Numera las torres del 1 al 5; la 5 será la más alta.

3 Pega los tubos de cartón entre sí con cola blanca formando torres. Déjalos secar toda la noche en posición vertical para que no se partan. Debes tener cinco torres de distintas alturas.

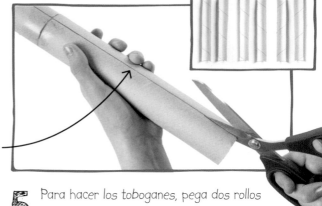

Primero traza una línea con la regla, para que te sirva de guía al cortar.

4 Pinta las torres y déjalas secar. Puedes pintar líneas u otros detalles. Nosotros las hemos pintado de amarillo y luego les hemos aplicado un poco de pintura color óxido con una esponja, para que parecieran viejos pilares oxidados.

5 Para hacer los toboganes, pega dos rollos de papel de cocina. Haz lo mismo otras dos veces. Déjalos secar toda la noche en posición vertical. Luego córtalos a lo largo por la mitad. Ya tienes los seis toboganes.

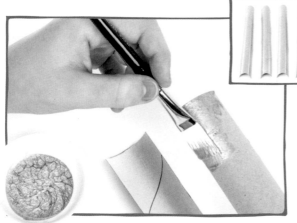

Un cilindro es una figura en 3D con una cara circular.

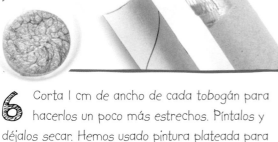

6 Corta 1 cm de ancho de cada tobogán para hacerlos un poco más estrechos. Píntalos y déjalos secar. Hemos usado pintura plateada para que parezcan de acero, pero puedes usar otro color.

7 Consulta de nuevo tu boceto y pon las torres en posición vertical en un trozo de cartón, en el lugar que les corresponde según el plano. Dibuja un círculo alrededor de la base de cada torre.

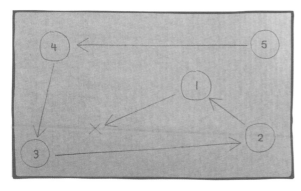

La distancia entre las torres puede ser mayor que el largo de la regla, así que tendrás que sumar las dos mediciones.

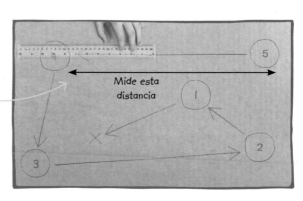

8 Numera los círculos como hiciste en el plano. Marca el final del circuito con una cruz. Dibuja con el lápiz unas flechas que señalen el lugar donde deben ir los toboganes.

9 Mide y anota la distancia entre el borde más alejado del círculo 5 y el borde más cercano del círculo 4. Repite la operación para calcular la longitud que debe tener cada tobogán del circuito.

10 Con una regla y un lápiz, mide el largo equivalente en los toboganes ya pintados y córtalos a la medida. Numera cada tobogán para saber cuál va en cada lugar.

Fija las torres provisionalmente a la base con masilla adhesiva, para que no se muevan.

La pendiente debe ser lo bastante inclinada para que la canica ruede sola.

11 Con las torres 5 y 4 sobre la base de cartón, apoya un extremo del tobogán 5 sobre la torre 4 y ajusta la inclinación para que el otro extremo quede cerca de la parte superior de la torre 5. Con el lápiz, marca el punto donde se encuentra con la torre.

12 Usa el tobogán como plantilla para dibujar una curva en el lateral de la torre 5, encima de la marca que has hecho. Haz dos líneas verticales, una en cada extremo, y una horizontal que las una. El resultado debe parecer un escudo.

13 Para que te resulte más fácil recortar este escudo, haz un agujero en el cartón con la punta del lápiz y luego mete las tijeras por él. Usa el trozo que has cortado como plantilla en el siguiente paso.

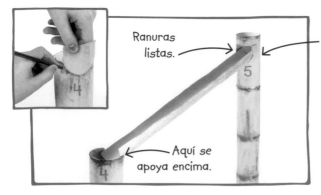

Ranuras listas.

El tobogán debe quedar bien encajado dentro de la torre 5, para que las canicas no se caigan por la torre.

Aquí se apoya encima.

14 Usa la plantilla para trazar una curva en la parte superior de la torre 4 y recórtala con las tijeras. Inserta el primer tobogán entre las torres 5 y 4, pero todavía no le pongas cola.

Las torres se conectan con toboganes en diagonal.

15 Repite los pasos 11-14, hasta que todas las torres estén conectadas entre sí. Comprueba que los huecos y cortes de encaje están en el lado correcto de las torres, y siguen el sentido de marcha.

16 Cuando estés satisfecho con el resultado, prueba el circuito con una canica y haz los ajustes que sean necesarios. Luego pega con cola la base de cada una de las torres al cartón. Finalmente, pon los toboganes en su sitio y pégalos firmemente.

Una canica es un sólido en 3D que se conoce con el nombre de esfera.

17 Cuando la cola esté seca, pon una canica al inicio del circuito y observa cómo desciende a toda pastilla. ¡Que empiece la diversión!

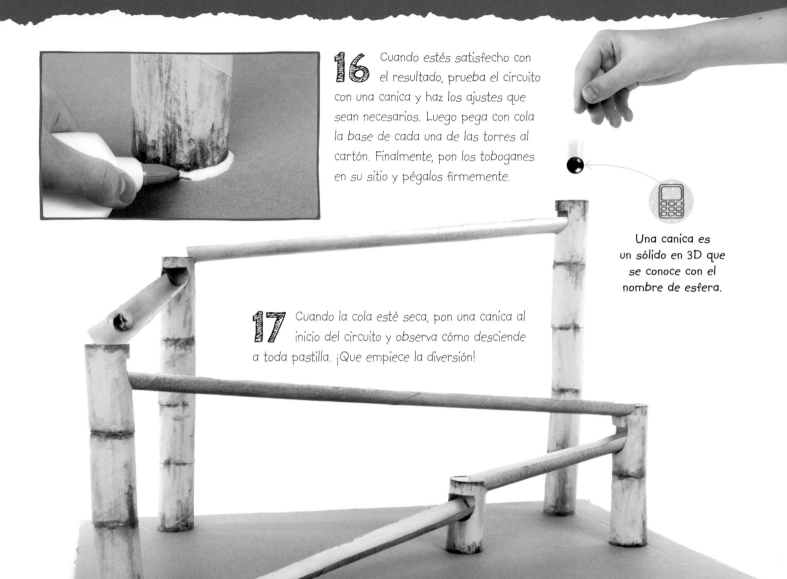

¿HASTA DÓNDE LLEGARÁ?

¿Sabes hasta dónde rodará la canica una vez que llegue al final del circuito? Haz la prueba y anota los resultados. Mide la distancia con una regla. ¿Has acertado? También puedes jugar a adivinar lo que tardarán en completar el circuito y detenerse canicas de distinto tamaño, y luego medir la distancia que recorren. La longitud y la inclinación de los toboganes influirá en la velocidad de las canicas. Cuanto más corta sea la distancia entre las torres, más pronunciada será la pendiente y más rápido rodará la canica. ¿Modifica el resultado el tamaño de la canica?

¿Hasta dónde llegará la canica antes de detenerse?

OBRAS DE ARTE MÁGICAS
ILUSIONES ÓPTICAS

¡Crea un efecto óptico muy artístico con unos cuantos lápices de colores, una hoja de papel y un poco de matemáticas! Estos ingeniosos dibujos juegan con el color, la luz y el diseño para convencer a nuestro cerebro de que vemos algo que en realidad no existe. Tú harás un dibujo en 2D, pero gracias a la magia de las matemáticas, la imagen parecerá salirse de la página creando una figura tridimensional.

No te preocupes si las líneas no quedan perfectas. Va a seguir pareciendo una figura en 3D.

Sé atrevido con el sombreado. Es lo que crea el efecto 3D.

CÓMO CREAR
EFECTOS ÓPTICOS

Ponte a prueba con dos proyectos distintos. El primero combina colores contrapuestos y líneas curvas para que la figura «se salga» de la página. ¡El segundo usa el sombreado y los cortes para que parezca que un cuboide levita! En ambos casos, el sombreado da la profundidad.

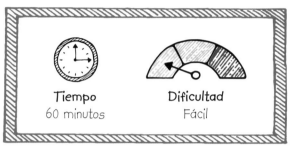

Tiempo
60 minutos

Dificultad
Fácil

QUÉ NECESITAS

Regla

Transportador

Compás y lápiz

Rotulador negro

Tijeras

Lápices de colores que contrasten
(tonos más oscuros y más claros)

Hoja de papel blanco

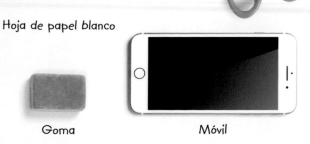

Goma   Móvil

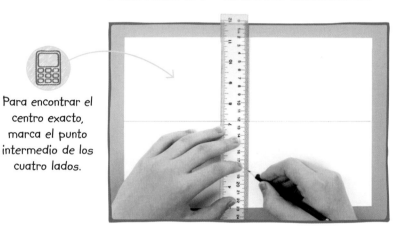

MATEMÁTICAS QUE VAS A USAR
- ÁNGULOS, para formar la estructura de tu dibujo.
- CÍRCULOS CONCÉNTRICOS, para crear el esbozo de tu efecto óptico.
- LÍNEAS CÓNCAVAS Y CONVEXAS, para que parezca que el dibujo está hundido.

Para encontrar el centro exacto, marca el punto intermedio de los cuatro lados.

PROYECTO 1 - EFECTO CIRCULAR

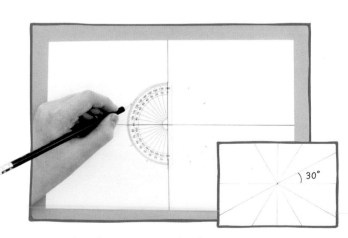

1 Para encontrar el centro de la hoja de papel, mide el largo y el ancho y divide cada medida entre dos. Traza una línea recta de un lado a otro del papel desde cada uno de los puntos intermedios.

30°

2 Coloca la parte central del transportador sobre el centro y marca secciones de 30°. Traza líneas desde el centro hasta el borde del papel a incrementos de 30°, hasta dibujar una tarta de 12 porciones iguales.

Este tipo de líneas son convexas, es decir, se curvan hacia fuera; las líneas cóncavas se curvan hacia dentro.

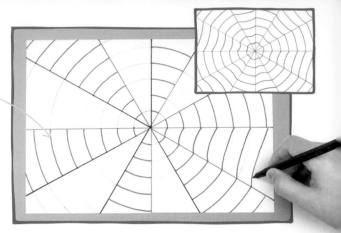

3 Pon el compás en el punto central y dibuja un círculo de un radio de 2 cm. Abre 2 cm más el compás y dibuja otro círculo. Abre otros 2 cm y dibuja otro. Sigue hasta llegar el borde de la hoja.

4 Con un rotulador negro, repasa las líneas rectas. Repasa las líneas curvas interiores de una porción sí y otra no. Finalmente, une las curvas con líneas cóncavas que se curven hacia el centro del círculo.

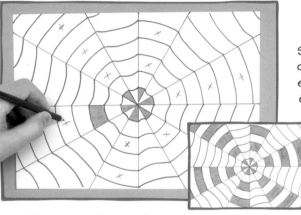

Si alternas colores que contrasten con el blanco, el efecto óptico será mayor.

5 Escoge un color y señala una porción sí y otra no, y dentro de cada porción un tramo sí otro no, para no equivocarte cuando empieces a colorear.

6 Repite el paso 5, pero esta vez usa el segundo color, el que contrasta.

7 Por último, colorea con un tono más oscuro los bordes de las zonas en blanco y de los tramos coloreados. Así conseguirás el efecto 3D.

Para conseguir el efecto 3D, haz el sombreado más oscuro por los bordes y más claro por el centro.

MATEMÁTICAS DEL MUNDO REAL
CÍRCULOS CONCÉNTRICOS

Los círculos concéntricos son círculos de distintos tamaños que están unos dentro de otros y que tienen todos el mismo punto central. Puedes verlos en una diana. ¿Se te ocurre algún otro ejemplo?

PROYECTO 2 - CUBO FLOTANTE

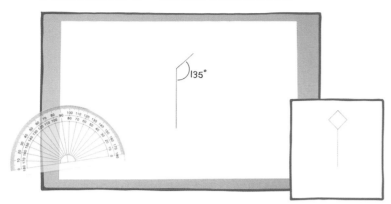

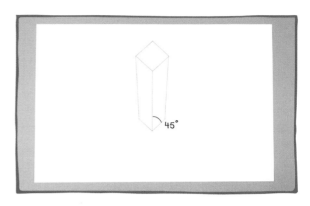

1 Traza una línea vertical de 9 cm de largo. Con la escuadra y el transportador, traza una diagonal de 4 cm encima en un ángulo de 135°. Añade tres líneas de 4 cm para dibujar un cuadrado ladeado.

2 En la parte inferior de la línea vertical, traza una línea de 3 cm que forme un ángulo de 45°; repítelo en el otro lado. Une estas líneas con las que están en la parte superior para formar un cuboide.

Si sombreas un lado del cuboide más oscuro que el otro, le darás profundidad.

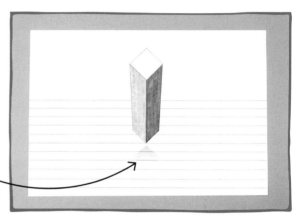

Sombrea la parte inferior del rombo con un tono más suave.

3 De la mitad de la hoja para abajo, traza líneas horizontales a ambos lados del cuboide separadas 1 cm entre sí. Sombrea los dos lados largos del cuboide.

4 Crea un efecto de sombra dibujando un rombo justo debajo del cuboide. ¡Debe parecer que levita!

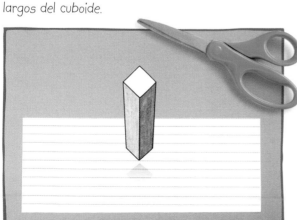

¡Graba un vídeo que muestre cómo cambia de forma y envíalo a tus amigos!

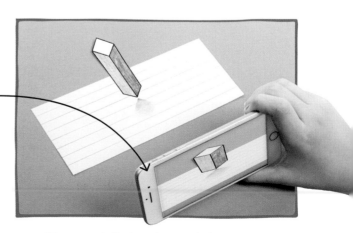

5 Repasa el cuboide con un rotulador negro. Recorta el trozo de papel en blanco. Eso hará que parezca que el cuboide sale fuera de la página, creando el efecto óptico de que es una figura en 3D.

6 Observa el dibujo a través de la cámara de tu móvil y cambia de ángulo para ver qué ocurre. ¡Parece que el dibujo en 2D cambia de forma y tamaño!

UN HORARIO GENIAL
CONSTRUYE TU RELOJ

Qué mejor manera de llevar un control sobre tus ocupaciones diarias que haciendo tu propio reloj. Para esta actividad necesitarás un mecanismo de reloj que funcione (los venden en las tiendas de manualidades y en internet), arcilla para modelar y pintura de colores vivos para decorarlo como más te guste. Al pintar la esfera del reloj podrás practicar las fracciones, ya que está dividida en 12 segmentos iguales. ¿Estás listo? ¡Hora de empezar!

> ### MATEMÁTICAS QUE VAS A USAR
> • DIVISIONES, para fraccionar el reloj en 12 segmentos.
> • ÁNGULOS, para medir las líneas que marcan las horas.
> • LAS HORAS, para poder añadir el horario de tus actividades al reloj una vez terminado.

Cada vez que la aguja corta pasa por una de estas marcas, empieza una nueva hora.

Hemos decorado el reloj pintando los segmentos de distintos colores, pero puedes decorarlo como prefieras.

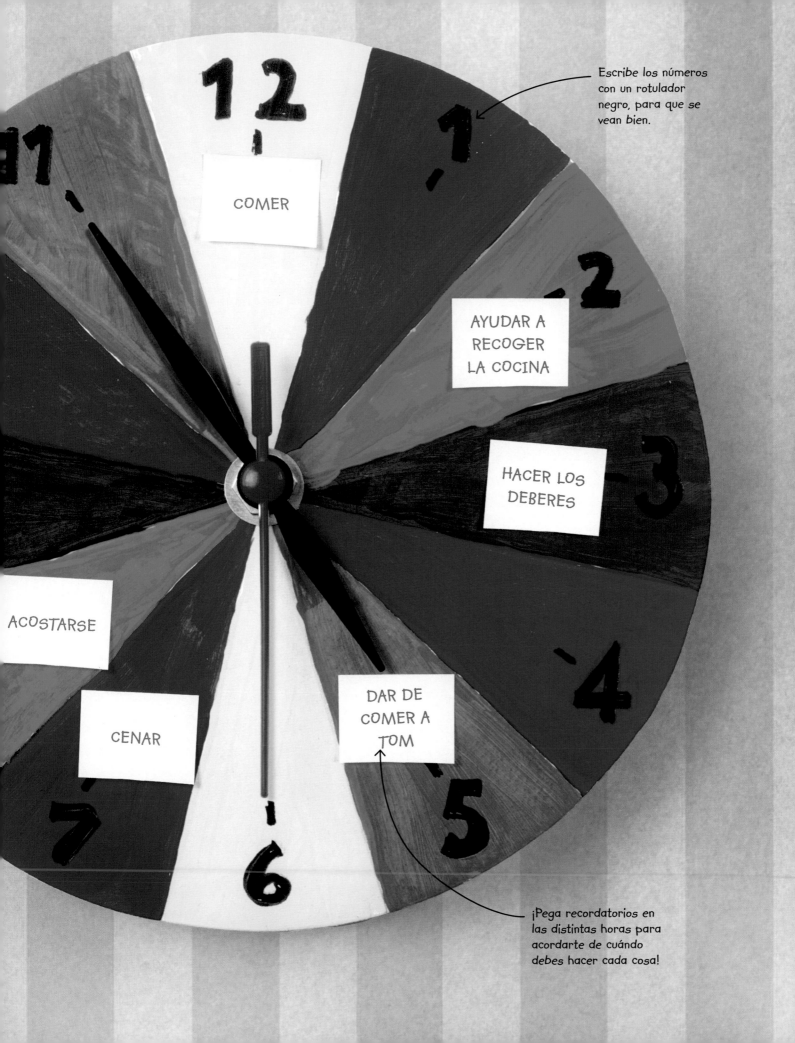

CÓMO CONSTRUIR TU RELOJ

El mecanismo del reloj hará que pueda marcar las horas, pero es importante que midas las divisiones con cuidado para que los números queden en el lugar correcto. Cuando el barro esté seco, decora el reloj: puedes copiar nuestro diseño o crear el tuyo propio.

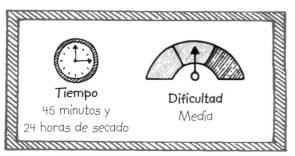

Tiempo
45 minutos y
24 horas de secado

Dificultad
Media

QUÉ NECESITAS

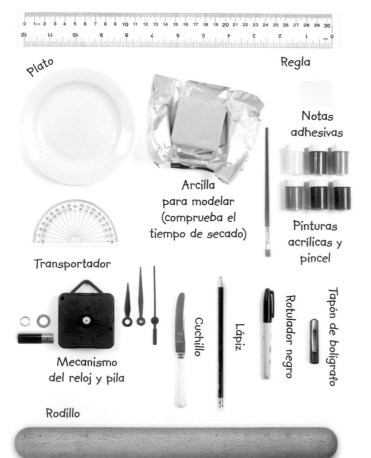

Plato

Regla

Notas adhesivas

Arcilla para modelar (comprueba el tiempo de secado)

Pinturas acrílicas y pincel

Transportador

Mecanismo del reloj y pila

Cuchillo

Lápiz

Rotulador negro

Tapón de bolígrafo

Rodillo

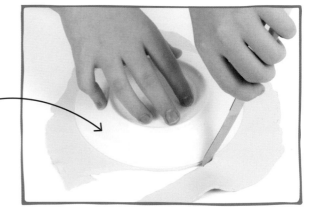

1 Extiende la arcilla hasta hacer un círculo más grande que el plato, de unos 0,5 cm de grosor. Intenta que quede bien plano.

El plato que uses marcará el tamaño del reloj.

2 Pon el plato sobre la arcilla y corta alrededor con un cuchillo; debe quedar un círculo. Con cuidado, separa el plato de la arcilla.

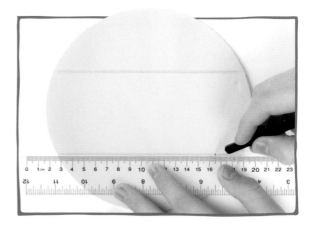

3 Para encontrar el centro del círculo de arcilla, traza dos líneas paralelas que lo crucen con el lápiz. Las líneas deben medir lo mismo de largo.

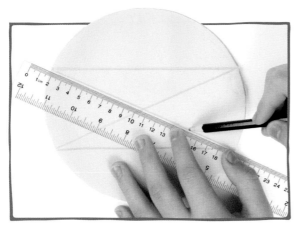

Comprueba que el tapón de bolígrafo sea más ancho que el eje de la parte delantera del mecanismo del reloj.

4 Traza diagonales para unir las esquinas de las líneas paralelas con las esquinas opuestas. El punto en el que se cruzan es el centro del círculo.

5 Haz un agujero en el punto central del círculo con el tapón de bolígrafo. Deja secar la arcilla sobre una superficie plana. Puede tardar varios días.

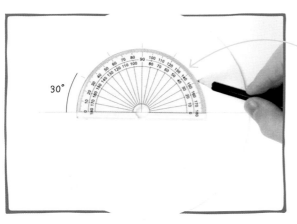

Un círculo tiene 360°, y 360 dividido entre 12 (por cada hora de un reloj de 12 horas) son 30°.

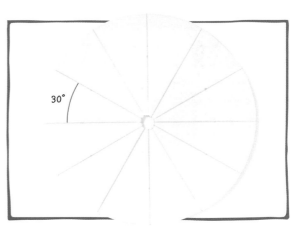

6 Cuando el círculo de arcilla esté totalmente seco, dale la vuelta. Traza una línea que divida el círculo por la mitad y coloca el transportador sobre el agujero. Marca con un lápiz cada 30°. Gira el transportador 180° y repítelo en la otra mitad.

7 Con la ayuda de una regla, traza líneas rectas hacia fuera desde el centro del círculo, de manera que formes 12 segmentos. Cada uno representa una hora.

8 Con las pinturas acrílicas, pinta el reloj de distintos colores, con el diseño que más te guste. Deja que la pintura se seque del todo; puede tardar hasta dos horas.

¿Pintarás el reloj con colores vivos o en tonos pastel?

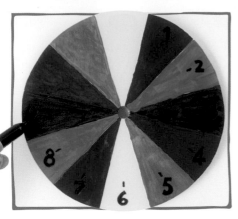

9 Con un lápiz, escribe los números del 1 al 12 en la esfera del reloj. Luego repásalos con un rotulador negro para que se vean bien.

10 Inserta el mecanismo del reloj en el agujero del centro de la esfera. Comprueba que el gancho para colgarlo quede alineado con el número 12.

11 Pon la arandela metálica en el eje del reloj y fíjalo con la tuerca. No la aprietes demasiado ya que podría agrietarse la arcilla.

12 Con cuidado, pon las manecillas sobre el eje del reloj: primero la horaria, que es más corta, luego la minutera, que es más larga, y finalmente la segundera, que es más fina.

Si empiezas poniendo las tres agujas en el 12, seguro que las colocas bien.

13 Alinea las tres agujas con el 12. Pon la pila y ajusta la hora con el minutero hasta la posición correcta.

Coloca la segundera la última. No aprietes demasiado, pues podría romperse.

Haz una marca junto a cada número para que puedas ver claramente si la manecilla llega a la hora o pasa de largo.

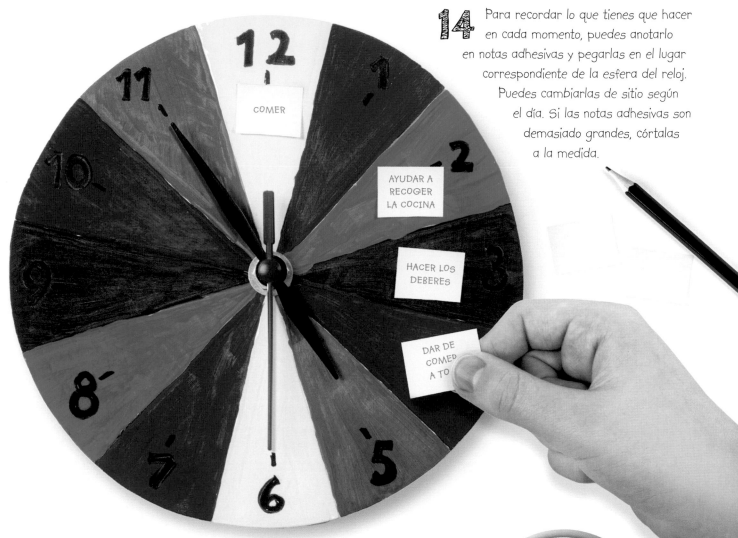

14 Para recordar lo que tienes que hacer en cada momento, puedes anotarlo en notas adhesivas y pegarlas en el lugar correspondiente de la esfera del reloj. Puedes cambiarlas de sitio según el día. Si las notas adhesivas son demasiado grandes, córtalas a la medida.

COMER

AYUDAR A RECOGER LA COCINA

HACER LOS DEBERES

DAR DE COMER A TO

¿QUÉ HORA ES?

Hay dos tipos de relojes: los analógicos –como el que has hecho– y los digitales, que muestran las 24 horas del día en una pantalla digital. Todos estos relojes marcan la misma hora –faltan 5 minutos para la medianoche– pero lo hacen de forma distinta. Para pasar de un formato de 24 horas a otro de 12 horas, basta con restar 12 a la hora. Así, las 23:00 serían las 11:00, porque 23 - 12 = 11.

En este reloj analógico, los números romanos marcan las horas.

En un reloj digital, la medianoche son las 00:00. Las dos primeras cifras indican la hora, las dos siguientes, los minutos, y las últimas, los segundos.

Los números de este reloj analógico marcan la hora, y las rayitas indican los minutos que pasan de la hora.

Cuelga el comedero en el jardín con un trozo de cuerda; pásala por debajo del tejado.

Puedes usar palos de colores o pintarlos usando una pintura respetuosa con el medio ambiente.

Según la comida que pongas vendrán unos pájaros u otros. ¡A los petirrojos les encantan los gusanos de la harina!

COMEDERO PARA PÁJAROS

¿Te gustaría tener el jardín lleno de pájaros? Este comedero de vivos colores se convertirá rápidamente en el nuevo punto de encuentro de los pájaros de tu localidad. Para montarlo, deberás dominar el arte de los ángulos, para que la estructura quede lo suficientemente fuerte como para sostener el peso de la comida de los pájaros. Una vez listo el comedero, puedes confeccionar un gráfico que te ayude a averiguar qué comida les gusta más.

Los pájaros vendrán a visitar el comedero. Pero tienes que tener paciencia, ya que puede que tarden unos días en descubrirlo.

A algunos pájaros les gustan las perchas, pero a otros no.

CÓMO HACER UN
COMEDERO
PARA PÁJAROS

Este proyecto puede parecer complicado, pero en realidad es muy *sencillo*. No tardarás nada en hacer un *bonito* comedero para pájaros. Deberás tener un poco de paciencia porque los pájaros pueden tardar un poco en descubrirlo. En cuanto lo hagan, podrás llevar un registro de sus visitas para saber qué comida les gusta más.

QUÉ NECESITAS

Cinta adhesiva

Cuerda

Tijeras

Lápices de colores

Rotulador

73 palos de helado

Comida para pájaros

Cola blanca (o pistola de encolar, manejada por un adulto)

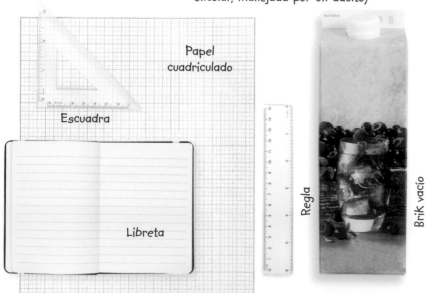

Papel cuadriculado

Escuadra

Libreta

Regla

Brik vacío

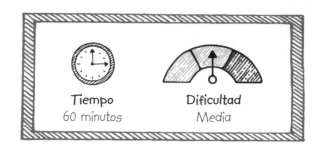

Tiempo
60 minutos

Dificultad
Media

MATEMÁTICAS QUE VAS A USAR

• ÁNGULOS, para la inclinación del techo.
• MITADES, para hacer las perchas.
• LÍNEAS PARALELAS, para una base firme.
• GRÁFICOS, para ver qué prefieren los pájaros.

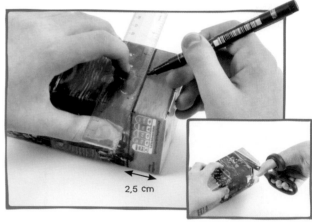

2,5 cm

1 Comienza por hacer la *bandeja del comedero* con un *brik* de leche o zumo cuya *base* mida 7 x 7 cm. Traza una línea a 2,5 cm de la base y recorta por la línea.

2 Coloca 12 palos de helado uno al lado del otro y pon la bandeja del comedero encima, de manera que queden dos palos por cada lado.

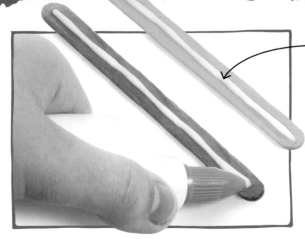

Comprueba que hay cola a lo largo de todo el palo.

90°

Con la escuadra, haz un ángulo recto en un papel y úsalo de guía para colocar los palos.

3 Pon cola en otros dos palos, de punta a punta. Estos dos palos sujetarán los 12 que forman la base del comedero.

4 Pega los palos a 1 cm de los márgenes, uno arriba y otro abajo. Colócalos perpendiculares a los palos que forman la base.

Comprueba que la bandeja cabe en la base antes de empezar a construir las paredes hechas con palos, pero no la pegues.

5 Repite el paso 4, pero esta vez pon cola solo en los extremos de los palos, como a 1 cm de la punta. Coloca estos dos palos perpendiculares a los dos que acabas de pegar.

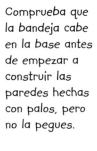

Divide el largo del palo entre dos para calcular lo que debe medir cada percha.

6 Repite los pasos 4 y 5 y levanta las paredes del comedero entre las que irá encajada la bandeja. Termina cuando tengas tres filas en dos de los lados, y dos filas en los otros dos lados.

8 Sujeta una percha en el centro de uno de los lados del comedero poniendo dos pisos más de palos. Debe sobresalir perpendicularmente. Pon otra percha en el lado opuesto del mismo modo.

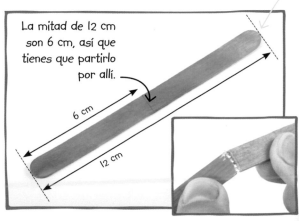

La mitad de 12 cm son 6 cm, así que tienes que partirlo por allí.

6 cm

12 cm

7 Para hacer las perchas, localiza el centro del palo y traza una línea. Pártelo limpiamente por la mitad. Si te parece difícil, pide ayuda a un adulto.

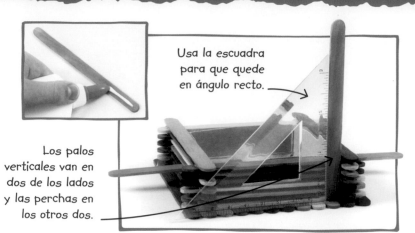

Usa la escuadra para que quede en ángulo recto.

Los palos verticales van en dos de los lados y las perchas en los otros dos.

9 Sigue construyendo las paredes añadiendo más pisos de palos, hasta que los lados más bajos estén al mismo nivel que la bandeja.

10 Pon cola en el extremo de un palo y pégalo en la parte exterior de una esquina del comedero, en posición vertical, perpendicular a la base.

Estos palos horizontales deben quedar paralelos entre sí.

11 Repite el paso 10 hasta tener cuatro palos verticales, uno en cada esquina de la bandeja.

12 Pon cola en los dos extremos de un palo, a 2 cm de la punta, y pégalo en posición horizontal a dos de los palos verticales. Haz lo mismo en el lado contrario.

13 Para confeccionar el tejado, coloca dos grupos de 12 palos, uno al lado del otro, y únelos con un trozo de cinta adhesiva.

El tejado debe medir de ancho el largo de un palo.

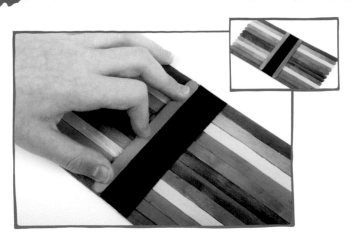

14 Añade cola a otro palo, pégalo junto a la cinta adhesiva y presiona con fuerza. Pega otro palo al otro lado de la cinta adhesiva.

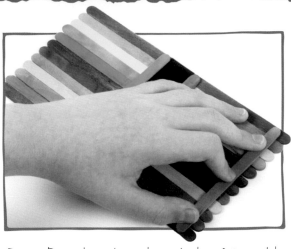

15 Pon cola a otro palo y pégalo a 0,5 cm del borde del tejado. Haz lo mismo en el otro lado del tejado.

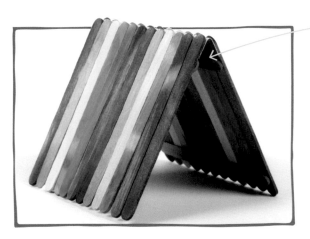

Este ángulo es menos ancho que un ángulo recto. Se llama ángulo agudo.

16 Dale la vuelta al tejado y dóblalo con cuidado de manera que forme un triángulo y la cinta adhesiva quede en la parte interior.

17 Pon cola en el borde superior de los palos horizontales.

ÁNGULOS

Cada ángulo tiene un nombre. Un ángulo agudo es más pequeño que un ángulo recto, mientras que un ángulo obtuso es más grande.

Ángulo agudo

Ángulo recto

Ángulo obtuso

18 Coloca el tejado sobre los palos y fíjalo bien. Déjalo secar.

19 Pon cola en la parte superior del tejado, donde se juntan las dos mitades. Pon un palo de polo encima y presiona con fuerza hasta que se pegue bien. ¡El comedero está listo para atraer a los pájaros!

20 Cuelga el comedero en el jardín y llena la bandeja de cosas ricas.

Pon comida en la bandeja y colócala en el comedero.

SIGUE LA PISTA A LOS PÁJAROS

Para averiguar qué comida prefieren los pájaros de tu jardín, ofréceles distintas cosas y observa cuántos vienen. Puedes hacer una tabla y anotar cuántos aparecen. Cuando hayas recopilado los datos, puedes confeccionar un gráfico lineal. Analiza lo que has descubierto y pon la comida que prefieran. Para que los resultados sean más fiables, hazlo siempre a la misma hora.

Gusanos de la harina

Mezcla de semillas

Las nueces deben estar trituradas. ¡Si no los pájaros podrían ahogarse!

Nueces troceadas

1 Deberás probar distintos alimentos durante algunas semanas para averiguar lo que les gusta comer a los pájaros de tu jardín. Nosotros hemos probado con las nueces troceadas, con las semillas y finalmente con los gusanos.

Con la ayuda de una regla, une los puntos del gráfico con una línea.

Lunes	IIII III
Martes	IIII IIII
Miércoles	IIII II
Jueves	IIII II
Viernes	IIII
Sábado	IIII III
Domingo	IIII I

Esta es la tabla de las nueces trituradas.

Lunes	IIII IIII III
Martes	IIII IIII I
Miércoles	IIII IIII I
Jueves	IIII IIII IIII
Viernes	IIII IIII II
Sábado	IIII IIII I
Domingo	IIII IIII II

2 Pon la comida *seleccionada* en la bandeja y espera en silencio a que aparezcan pájaros. Prepara una tabla para cada día de la semana. Cada vez que un pájaro visite el comedero, añade una marca en la tabla.

3 Al cabo de una semana, vuelve a llenar la bandeja y confecciona una nueva tabla semanal con los pájaros que han visitado el comedero. La semana siguiente, haz lo mismo con el tercer tipo de comida.

4 Plasma los resultados de tu registro en un gráfico lineal. Pon los días de la semana en la parte inferior y el número de pájaros en el lateral. Usa un color con cada tipo de comida.

Cuanto más arriba esté el punto en el eje Y, más visitas habrá habido ese día.

Clave
— Semillas
— Gusanos
— Nueces

El miércoles vinieron 16 pájaros cuando el comedero estaba lleno de semillas.

El gráfico muestra que las semillas son su comida favorita.

El eje vertical se llama eje Y.

El eje horizontal se llama eje X.

NÚMERO DE VISITAS

20 19 18 17 16 15 14 13 12 11 10 9 8 7 6 5 4 3 2 1

Lunes   Martes   Miércoles   Jueves   Viernes   Sábado   Domingo

DÍAS DE LA SEMANA

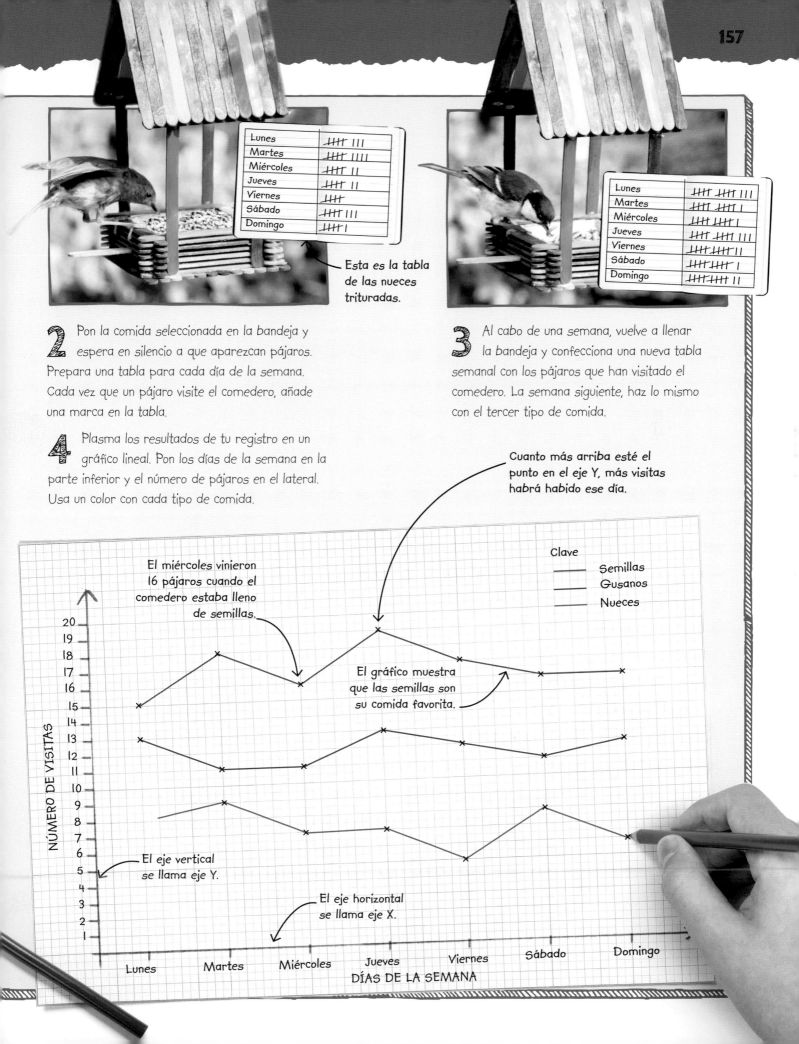

GLOSARIO

ÁLGEBRA

Uso de letras y otros símbolos para representar números desconocidos en los cálculos.

ÁNGULO

Medición de la cantidad de giro de una dirección a otra. O bien diferencia de dirección entre dos líneas que coinciden en un punto. Los ángulos se miden en grados. *Ver grado.*

ÁNGULO OPUESTO

Ángulos en lados opuestos allí donde dos líneas coinciden o se entrecruzan. Los ángulos opuestos son iguales.

ÁNGULO RECTO

Ángulo de 90° (un cuarto de giro), como el ángulo entre una línea vertical y otra horizontal.

ÁREA

Espacio interior de una figura en 2D. Se mide, por ejemplo, en metros cuadrados.

BASE

Parte inferior de una figura al imaginarnos que está apoyada en una superficie.

BIDIMENSIONAL (2D)

Que tiene longitud y anchura, o longitud y altura, pero no grosor.

CARA

Cualquier superficie plana de una figura en 2D.

CILINDRO

Figura tridimensional que tiene un círculo como sección transversal.

CIRCUNFERENCIA

Distancia que rodea el exterior de un círculo.

COMPÁS

Instrumento que se usa para dibujar círculos y arcos.

CONO

Figura en 3D que tiene la base circular y un lado que se va estrechando hasta el vértice. *Ver vértice.*

COORDENADAS

Parejas de números que indican la posición de un punto, línea o figura en una cuadrícula, o la posición de algo en un mapa.

CUADRADO

Figura de cuatro lados en 2D cuyos lados son todos iguales y cuyos ángulos miden todos 90°. Un cuadrado es un tipo especial de rectángulo. *Ver rectángulo.*

CUADRILÁTERO

Figura en 2D que tiene cuatro segmentos rectos.

DECIMAL

Relativo al número 10 (y a las décimas, centésimas, etcétera). Los decimales se señalan con una coma, que se llama separador decimal. Los números que están a la derecha de la coma son décimas, centésimas, etcétera. Por ejemplo, un cuarto (¼), como decimales es 0,25, es decir 0 unidades, 2 décimas y 5 centésimas.

DENOMINADOR

El número inferior en una fracción, como el 4 en ¾.

DIAGONAL

Línea recta e inclinada que no es ni vertical ni horizontal.

DIÁMETRO

Línea recta que atraviesa un círculo o una esfera de lado a lado pasando por el centro.

DÍGITO

Cifra del 0 al 9. Los dígitos forman números más grandes. Por ejemplo, el 58 está formado por dos dígitos: el 5 y el 8.

ECUACIÓN

Afirmación matemática de que una cosa equivale a otra, por ejemplo 2 + 2 = 4.

EJE

(1) Una de las dos líneas principales de una cuadrícula, que se usa para medir la posición de puntos, líneas y figuras.
(2) Un eje de simetría es lo mismo que una línea de simetría.

ESFERA

Figura en 3D en forma de bola en la que cada punto de su superficie está a la misma distancia del centro.

ESTIMAR

Encontrar una solución que se acerca a la solución correcta, normalmente redondeando la cifra hacia arriba o hacia abajo.

FACTOR

Número entero por el que puede dividirse otro número. por ejemplo, el 4 y el 6 son factores de 12.

FÓRMULA

Regla o afirmación que utiliza símbolos matemáticos.

FRACCIÓN

Número que no es entero, como ½, ¼, o ¹⁰⁄₃.

GRADO

Medición del tamaño de un giro o ángulo. El símbolo del grado es °. Un giro completo son 360°.

GRÁFICO LINEAL

Diagrama que muestra los datos a través de puntos unidos mediante líneas rectas.

INTERSECARSE

Coincidir o entrecruzarse (se usa con líneas y figuras).

LÍNEA DE SIMETRÍA

Línea imaginaria que divide una figura en 2D en dos mitades idénticas. Algunas no tienen línea de simetría, y otras tienen varias.

MALLA

Figura plana que puede doblarse para hacer una figura en 3D.

MÚLTIPLO

Cualquier número que resulta de multiplicar dos números enteros.

NUMERADOR

Número superior en una fracción, como el 3 en ¾.

NÚMERO

Valor que se usa para contar y calcular. Los números pueden ser positivos o negativos. Pueden ser números enteros o fracciones.

NÚMERO ENTERO

Cualquier número, como el 8, el 36, o el 5971, que no es una fracción.

NÚMERO NEGATIVO

Número inferior a cero: por ejemplo –1, –2, –3...

NÚMERO POSITIVO

Número mayor que cero.

NÚMERO PRIMO

Número entero mayor que uno que solo puede dividirse por sí mismo y por uno, y por ningún número entero más.

PARALELO

Que se extienden uno al lado del otro sin acercarse ni alejarse entre sí.

PERÍMETRO

Distancia alrededor del borde de una figura.

PERPENDICULAR

Algo es perpendicular cuando está en ángulo recto con respecto a otra cosa.

POLIEDRO

Cualquier figura en 3D cuyas caras sean polígonos.

POLÍGONO

Cualquier figura en 2D que tenga tres o más segmentos rectos, como un triángulo.

PORCENTAJE

Proporción que se expresa como fracción de 100. Por ejemplo, 25% es lo mismo que $\frac{25}{100}$.

PROBABILIDAD

Posibilidades de que algo ocurra o sea cierto.

PROMEDIO

Valor típico o medio de un conjunto de datos.

PROPORCIÓN

Magnitud relativa de parte de algo con respecto al todo.

RADIO

Cualquier línea recta desde el centro de un círculo hasta su circunferencia.

RECTÁNGULO

Figura de cuatro lados en 2D cuyos lados opuestos tienen la misma longitud y cuyos ángulos miden todos 90°.

RELACIÓN

La relación compara un número o cantidad con otro. Se expresa con dos números separados por dos puntos (:).

RESTO

Número que sobra cuando un número no puede dividirse por otro de forma exacta.

ROTACIÓN

Giro alrededor de una línea o punto central.

SECUENCIA

Serie de números colocados uno detrás del otro que sigue un patrón, llamado regla.

SENTIDO ANTIHORARIO

Girar en la dirección contraria a las manecillas de un reloj.

SENTIDO HORARIO

Girar en la misma dirección que las manecillas de un reloj.

SIMETRÍA REFLECTIVA

Una figura tiene simetría reflectiva si puede trazarse una línea para dividirla en dos mitades que son imágenes invertidas la una de la otra.

SISTEMA DE VALOR POSICIONAL

En un número, el valor de cada dígito depende de su posición en dicho número. Así, en 120 el 2 tiene un valor posicional de 20, pero en 210 tiene un valor de 200.

TRANSPORTADOR

Herramienta para medir ángulos.

TRIÁNGULO

Figura en 2D con tres lados y tres ángulos.

TRIDIMENSIONAL (3D)

Que tiene altura, anchura y profundidad. Todos los objetos sólidos son tridimensionales, incluso un papel fino.

UNIDAD

Medida estándar que se usa para medir, tal como el metro (para la longitud).

VALOR

Cantidad o tamaño de algo.

VÉRTICE

Punto donde se encuentran dos líneas.

ÍNDICE

AGRADECIMIENTOS

Los editores quieren agradecer a las siguientes personas su asistencia en la preparación de este libro:
Elizabeth Wise, por el índice; Caroline Hunt, por la corrección; Ella A y Jennifer Ji, ambas de Models Plus Ltd, y Otto Podhorodecki, por el modelaje de manos; Steve Crozier, por el retoque fotográfico.

Los editores quieren agradecer a los siguientes su permiso para la reproducción de sus fotografías:

(Clave: a, arriba; b, bajo/debajo; c, centro; e, extremo; i, izquierda; d, derecha; s, superior)
17 Mary Evans Picture Library: Interfoto / Bildarchiv Hansmann (bd).
25 Getty Images: Jonathan Kitchen / DigitalVision (bc). **31 Getty Images:** Universal Images Group (bd). **49 123RF.com:** Maria Wachala (cdb). **61 Alamy Stock Photo:** Karen & Summer Kala (bi). **77 Getty Images / iStock:** Elena Abramovich (bd). **92 Dreamstime.com:** Stocksolutions (ebi). **97 Dreamstime.com:** Stocksolutions (bi/cuaderno). **Getty Images:** Anthony Wallace / AFP (cdb). **103 Getty Images /**

iStock: Tatiana Terekhina (bi). **105 Dreamstime.com:** Ukrit Chaiwattanakunkit (bd). **108 Dreamstime.com:** Stocksolutions (cb/cuaderno). **109 Shutterstock.com:** SeventyFour (bd). **124 Getty Images:** Westend61 (bi). **125 Dreamstime.com:** Stocksolutions (cuaderno). **129 Alamy Stock Photo:** Pacific Press Media Production Corp. (bi). **Dreamstime.com:** Stocksolutions (cda/cuaderno). **133 Dreamstime.com:** Stocksolutions (bd/cuaderno). **149 Getty Images / iStock:** chasmer (cdb). **152 Dreamstime.com:** Stocksolutions (bi). **157 Dreamstime.com:** Stocksolutions (cuaderno).

Resto de imágenes © Dorling Kindersley

Para más información ver: www.dkimages.com